Eight questions to clear your mind

悩み方教室

心のモヤモヤが晴れる
8つの質問

河田真誠
Shinsei Kawada

CCCメディアハウス

はじめに

僕はずっと悩んでいる

僕はずっと悩んでいた。いや、正確には今も悩んでいる。

子供の頃から、勉強も運動もダメ。クラスの人気者になれるようなユーモアやリーダーシップも、音楽やアートで一目置かれるようなセンスのかけらもない。ついでに言うと見た目も「よい・悪い」に分けるなら、満場一致で残念なほうに分類されるだろう。

さらに言うと、僕が「楽しい」と思えることが多くのクラスメートとは違っていたので、心を許せる友達もいなくて、いつも一人でいたし、仲よしの輪の中にもうまく入れなくて、いじめられたり、無視されたりもしていた。そんな毎日だったから、僕はいつも「なんで、僕はダメなんだろう……」と頭を抱《かか》えていた。

そんなダメな僕でも、幸せを諦《あきら》められなくて、「憧《あこが》れのロックスターみたいになりたい」とか、「女の子にモテたい」とか、「お金持ちになりたい」と夢を見ては、理想と現実の間で悩むようになった。

その後も、進路などで決断を迫られると、「どうしよう……」とウジウジと悩み、結局、最後は親や先生など周りの意見に流されたり、決めた後には「本当にこれでいいのか……」と悩み、結果が悪ければ「やっぱりダメなんだな……」と悩みを重ねていた。

しかし、どれだけ悩んでも、いくら自分を責《せ》めても、状況は何ひとつ変わらない。性格、見た目、才能、夢、進路、人間関係、お金、恋愛、仕事……。大人になるにつれ、悩みの形は少しずつ変わっていったけれど、これまでの人生はうまくいくことのほうが圧倒的に少なくて、本当に悩んでばかりだ。

と、いろいろ書いたが、同情されたいわけでも苦労自慢をしたいわけでもない。これを読んで「私のほうが大変だった」と思う人や、「世界中の貧困にあえぐ子供たちや、宇宙の大きさに比べれば、あなたの悩みなんてちっぽけなもの」と思う人もいるだろう。

それはそうかもしれないが、当の本人にとっては何よりも大きな問題だったりする。そもそも悩みはその人の中にあって比べようがないものだから、そっとしておいてほしい。

ところで、1つ聞きたいのだけど、あなたは今、幸せだろうか？

悩んでるあなたに「おめでとう」を！

もし、ここまでの僕の悩みを「そうそう！」「わかる！」と読んでくれていたのなら、きっとあなたも「理想」と「現実」や、「自分の気持ち」と「周囲から言われること」の間で苦しんでいたり、漠然《ばくぜん》とした夢ややりたいことがあっても、どうしていいかわからずに立ち尽くしたりして、眠れない夜を過ごしているのだろう。そんな気持ちは、痛いほどわかる。本当によくがんばったね。

でも僕は、そんなあなたに心から「おめでとう」と言いたい。なぜなら、**人は悩んだ分だけ幸せを得られるからだ。**それを僕は実証してきた。

あんなに悩んできた僕も、今では幸せだ。毎日の生活の中に「やらなくてはいけないこと」やストレスはほとんどなくて、好きなときに好きなことを好きなだけしていれば、充分な収入も得られるようになったし、自分のことも好きになれた。そんな毎日もいつまで続くかわからないけれど、これからの人生もうまくいくだろうと強く信じることもできている。

ダメダメだった僕が、こういう「いい感じ」になれた理由は、間違いなく、たくさん悩んできたからだ。たくさん悩んで、悩みと無二《むに》の親友になれたからこそ、大きな幸せを感じられるようになった。

悩むのが下手《へた》だった頃はとてもツラかったけど、今はそのツラかった時間に感謝しているし、たくさん悩んできたことを誇《ほこ》りにすら思ってる。

「悩みがある」ことは喜ばしいことだし、もし生まれ変わって自由に人生を選べるとしても、悩みのない人生なんて絶対に選ばない。次の人生も悩みの多い人生であってほしいと心から願っている。**人は悩めば悩むほど、幸せに近づいていける。悩みは幸せの種なのだ。**

悩みがあるなんて、うらやましい……

でも、「悩みは幸せの種だ」と聞いても、「そもそも悩みを乗り越える苦労がイヤなんだ……」と思う人もいるだろう。

しかし、それは誤解をしている。「未来のために、今はツライ思いをしましょう」という意味ではなく、「悩むこと自体が楽しいし、さらに未来もいい感じになる！」と僕は言いたい。「悩みは苦労」という感覚を早く捨ててほしい。

先日、近所のカフェで、小さな女の子がいちごのショートケーキにするかフルーツタルトにするかを、ずっと悩んでいた。他方で、僕の友人は会社の人間関係で悩んでいて心が疲れてしまい、今は仕事を休んでいる。

この2つの悩みを聞くと、ケーキの悩みは「嬉《うれ》しい悩み」で、人間関係の悩みは「ツライ悩み」と思うかもしれない。しかし、実は、この2つの悩みを細かく分解してみれば、根本は変わらない。あなたがツライと思っている悩みも、楽しく悩むことができるのだ（悩みの分解方法は第2章『ひとり質問会議』――心のモヤモヤが晴れる8つの質問」で後ほど！）。

そもそもどれだけ避けようとしても悩みがなくなることはない。お金がないときには「金がなくて何もできない……」と悩み、お金ができてたくさんのことを経験すると「ワクワクすることがなくなった……」と悩むことになる。どんなに成功しても、どれだけ精神的に成長をしたとしても悩みは消えない。むしろ、大きく深くなっていくものだ。

それは、光の当たるところには必ず影《かげ》ができるようなもの。影から逃げることはできないし、光が強くなれば影も濃《こ》くなっていく。あなたが幸せを願う以上、悩みからはどうやっても逃げ切れないのだから、逃げることは諦めて、うまく付き合ったほうがいい。**悩みはうまく付き合うと、本当はいいやつなのだ。**

実際、僕が仲よくしている80代のおじいさんは「悩みがあるなんて、本当にうらやましい。この年になると、もう悩むこともなくてつまらない……」と悩んでいた。そう、悩めることは幸せなことなのだ。

あなたも、この本を読み終わる頃には、楽しく悩めるようになり、今の僕と同じように、何か悩みが見つかったら「嬉しいな！」と思うほどになるだろう。そうなると、すべての悩みは幸せの花を咲かせていき、これまで以上に、あなたの望む人生に近づいていくことになる。

では、これからそんな魔法のような話をしていこうと思う。一緒に楽しんでくれると嬉しいな。

はじめに 1
僕はずっと悩んでいる 1
悩んでるあなたに「おめでとう」を! 3
悩みがあるなんて、うらやましい…… 4

この本を読む前に 17
あなたにアドバイスする気はない 17
いじめ、中退、離婚、借金…… 18

第1章 悩みと親友になる
あなたは、なぜ悩むのか? 22
本当に、悩むと幸せになれるの? 24
1 悩むと、自分で自分を幸せにできる 24
2 悩むと、自分の本音がわかる 25
3 悩むと、自分らしくなっていく 28

4 悩むと、毎日が楽しくなる 29
だから、抜け出せない！　やりがちな「悩みの7つの勘違い」 32
やりがちな勘違い1 時が解決する 32
やりがちな勘違い2 アドバイスを鵜呑みにする 33
やりがちな勘違い3 できない自分を責めてしまう 36
やりがちな勘違い4 たくさん勉強すれば…… 37
やりがちな勘違い5 周りを変えようとする 40
やりがちな勘違い6 自分をごまかす 41
やりがちな勘違い7 「どうせ……」と諦める 44
あなたは、あなたの答えで生きていけばいい 46
1章まとめ 47

第2章 悩みをスッキリさせる！

悩みは、解決するだけが答えじゃない 50
悩みとの関わり方1 解決する 50

悩みとの関わり方2 解決しない（受け入れる）……52
悩みとの関わり方3 悩み続ける……55
悩みとの関わり方4 悩まない……56
悩みを自分で解決する——悩みには4つの段階がある……60
質問すれば、自分の進む道が見えてくる！……62
なぜ、質問なのか？……63
自分の答えを引き出していく……64
質問に答えるときのルール……65
ルール1 どんな答えでもいい……66
ルール2 答えが出なくてもいい……66
ルール3 答えは紙に書く……67
「ひとり質問会議」——心のモヤモヤが晴れる8つの質問……67
ステップ1 悩みを書き出す……68
ステップ2 正体を見つける……71
ステップ3 現状を把握する……73
ステップ4 ゴールを明確にする……74

ステップ5 原因を見つける …… 75
ステップ6 解決策を考える …… 78
ステップ7 行動する …… 81
ステップ8 やる気を加える …… 83
例「みんなの答え」 …… 86
もっと自分の声を聞くために …… 92
自問のコツ1 「本当に?」と疑う …… 92
自問のコツ2 「本当はどうしたい?」と、わがままでいる …… 95
自問のコツ3 「他には?」と選択肢を広げておく …… 98
自問のコツ4 「なぜ?」と探求し続ける …… 100
自問のコツ5 「私は?」と主語を自分にする …… 103
ゆるくはじめてみよう …… 106
2章まとめ …… 107

第3章 その悩み、こう考えてみたら？

質問を変えれば、人生も変わる …… 110
もう迷わないために …… 112
迷わない自分になる質問1 いつもの毎日を最高の毎日にする …… 112
迷わない自分になる質問2 後悔のない人生にする …… 114
自分で自分を幸せに …… 116

あなたの悩み1 頭ではわかっているけれど、行動できない
01 決断 いつも迷ってばかりで自分で決められない …… 118
02 やる気 やらなくてはいけないのに、先延ばししてしまう …… 120
03 迷い いつも、人の意見に流されてしまう …… 122
04 一歩 自信がなくて一歩を踏み出せない …… 124
05 継続 あんなにやる気だったのに、三日坊主で終わる …… 126

あなたの悩み2 人間関係がうまくいかない

06 同調 みんなと一緒でないといけないのがツラい……130
07 嫌い 嫌いな人や苦手な人と、どう関わればいいかわからない……132
08 共感 誰も私の気持ちをわかってくれない……134
09 イライラ いつもイライラさせられる……136
10 愛 みんなから愛されたいのに、愛してくれない……138

あなたの悩み3 他人が気になってしかたない

11 評価 周りからどう思われるのかを気にしてしまう……142
12 仲間 仲間はずれにされるのがイヤで、自分の意見を言えない……144
13 常識 常識に縛られてしまう……146
14 嫉妬 友達に嫉妬してしまう……148
15 憧れ みんなキラキラして憧れちゃう、私なんて……150

あなたの悩み4 みんなと同じように、がんばれない

16 成長 「成長しろ！」と言われるけど、ほんとにしなきゃダメ？……154
17 変化 なんとなく、このままじゃダメな気がする……156

18 苦手 苦手なことは克服しないとダメ？ 158
19 充足 リア充じゃないとダメなの？ 160
20 我慢 イヤなことでも我慢しなきゃダメなの？ 162

あなたの悩み5 将来が不安でしかたない

21 不安 将来が不安でしかたない 166
22 挫折 仕事もプライベートも思ったようにうまくいかない 168
23 頼る 何を頼ればいいのかわからない 170
24 備え 将来の不安への備えでいっぱいで、今を楽しめない 172
25 夢 やりたいことがなくて、毎日に張り合いがない 174

あなたの悩み6 仕事がうまくいかない

26 仕事 できれば仕事をしたくない…… 178
27 情熱 本当にこの仕事でいいのだろうか？ 180
28 天職 私にはどんな仕事が向いている？ 182
29 評価 誰にでもできる仕事しかさせてもらえなくて、やりがいがない 184

30 収入 もっと給料をもらってもいいはず…… 186

あなたの悩み7 プライベートが充実していない

31 繰り返し 毎日、会社と家の往復で楽しくない 190

32 遊び どうやって遊べばいいのかわからない 192

33 夢中 何か虚しさを感じてしまい、夢中になれない 194

34 孤独 充実した毎日なのに、一人になると寂しくなる 196

35 パートナー 「この人だ!」と思える人と出会えない 198

あなたの悩み8 自分のことがよくわからない……

36 自分 見た目も性格も、自分を好きになれない 202

37 個性 「自分らしく……」と言われてもよくわからない 204

38 遠慮 「ウザい……」と思われたくなくて、遠慮してしまう 206

39 自愛 自分を大切にするということが、よくわからない 208

40 自信 「どうせ、私なんて……」と卑下してしまう 210

あなたの悩み9　うまくいかないときがある

41 不調　仕事もプライベートもうまくいかない……214
42 期待　思うような結果が出なくて、焦ってしまう……216
43 迷う　悩みが解決せずに、同じところをグルグルしてしまう……218
44 絶望　人生がどん底すぎて、希望も持てない……220
45 断つ　お酒、タバコ、浪費、暴飲暴食などがやめられない……222

あなたの悩み10　人生をもっと充実させたい……

46 幸福　もっと幸せになりたい！……226
47 家族　照れくさくて、家族を大切にできない……228
48 ゴール　何のために生きているのかわからない……230
49 自分　自分が何を大切に生きていけばいいのかわからない……232
50 人生　みんなと違うと不安になる……234

おわりに――たくさん悩もう……237

この本を読む前に

あなたにアドバイスする気はない

本題に入る前に2つのことを話しておきたい。1つは、この本のスタンスについて。この本では、悩んでいるあなたに「こうするといいよ」と先輩面《せんぱいづら》したアドバイスをする気はまったくない。そもそも、あなたに変わってほしいとすら思ってない。なぜなら、**あなたに必要なのは「悩みの答え」ではなく「悩む時間」だし、あなた自身には何の問題もないからだ。問題は、悩みとの関わり方を知らないことだけなのだ。**

アドバイスをするということは、空腹のあなたに魚をあげるようなものだ。すぐに空腹は満たせるかもしれないけど、また数時間後にはお腹がすく。そうなるとお腹がすくたびに誰かを頼ることになり、自分の幸せを他人に依存することになってしまう。

そうではなく、僕はあなたに魚のおいしさや魚の釣り方を伝えたい。そうすれば、あなたはいつでも自分の手で魚を食べられるようになる。自分で悩むということは、魚の釣り方を覚えることと同じ。

この本では「悩みへのアドバイス」は一切しない。その代わりに「自分で悩んで答えを見いだしていく方法」をお伝えして、あなたが自分で「いいな！」と思える答えにたどり着いていけるようにサポートしていく。あなたが必要な「答え」は、あなたの中にしかないのだ。

いじめ、中退、離婚、借金……

本題に入る前に話したいことの2つめは、僕のことだ。簡単に知っておいてもらうほうが、理解も深まると思うので、自己紹介をさせてほしい。

名前は、河田真誠《かわだしんせい》。

よく「芸名ですか？」と聞かれるけれど本名だ。福岡で生まれ、広島に移り、小中高校は、恋をしたり、いじめられたり、冒険をしたり、ちょっとだけやんちゃなこともしたり……と、ひととおりの経験をした。

大学には入学したものの、半年で中退。かねてからの夢だったバイク屋さんに就職した。バイクに触れることは幸せだったけれど、サラリーマンという働き方が合わなくて辞めた。その後、1年半ほどバックパッカーとして世界中を放浪。帰国後にデザイン会社を設立と同時に結婚。7〜8年やって、そこそこうまくいっていたのだけど、離婚のタイミングで会社も手放すことになり、家も仕事もお金もない、あるのは多額の借金だけという状況になる。

そこから心機一転、東京に出て、コンサルティングや講演、執筆などにチャレンジする。マイナスからのスタートだったけれど、多くの素敵な人たちに支えてもらい、思うように仕事ができるようになった。

今は「『らしく』輝く人と会社をもっと」をテーマに、企業でコンサルティングや研修をしたり、小中高校で授業をしたり、起業したい人や人生をよりよくしたい人にセミナーなどをしたり、こうして本を書いたりしながら、幸せな毎日を過ごしている。

こうして振り返ってみると、僕の人生はいろいろあった。いじめにあったり大きな病気になったり、中退も離婚もしたし、サラリーマンも社長もフリーランスも経験した。世界数十カ国を旅する中で、人には言えない経験もたくさんしたし、借金取りに追いかけられるほどの貧しい生活も、逆にお金に困ることがない経験もした。それらの経験も例にしながら、この本を書いていこうと思う。

では、一緒に「悩みと親友になる方法」を考えていこう。

第1章

悩みと親友になる

明治時代から続くという老舗旅館に泊まったときのこと。夜中にずっと「コトン、コトン」と音がするのでオバケが出たのかとビビった。怖くて寝れないので勇気を振り絞って音がするほうを見に行ったら、なんと蛇口から水滴《すいてき》が落ちているだけだった。

正体がわからないと無駄に怖がってしまうけれど、正体がわかれば上手に関われる。悩みもそれと一緒。正体がわからないから、無駄に怖がることになる。でも、正体さえわかれば、悩みはとってもいいやつなのだ。悩みと上手に付き合う一歩として、まずは一緒に悩みの正体をあばいていこう。

あなたは、なぜ悩むのか？

まずは「なぜ悩むのか」ということについて考えてみよう。

あなたは、どんなときに悩むだろう？

僕は、大きく3つあると思う。順番に詳しく説明しよう。

1つめは「物事がうまくいかないとき」。たとえば、「こんなに勉強したのに、テストの結果が悪い」とか、「みんなと仲よくしたいのに、人間関係がうまくいかない」とか、「好きな人に告白したらフラれた」などのように「自分がこうなったらいいな」と思っているのに、その期待どおりにならないときだ。自分の期待と結果がズレるから悩むことになる。

2つめは「新しいチャレンジをするとき」。たとえば「やりたかったことを始めてみる」とか、「仕事や人間関係を変えてみる」などのように、これまでの自分を超えて変化・成長していくときだ。はじめてのことはやり方がわからないし、どうなるかも不安だから悩むことになる。

最後3つめは「自分に納得がいかないとき」。これは、目の前にある事実を受け入れられないときのことだ。「なんで、私はこんな顔（性格）なんだろう？」と自分の理想と現実にギャップがあったり、「なんで、あの人は……」と自分と周りに違いがあると、不満や不安な気持ちをなくしたいと悩むことになる。

1つめは「期待と結果がズレているから」、2つめは「変化・成長しているから」、3つめは「理想と現実に差があるから」ということで、多くの人は悩んでいる。要するに、これはすべて**「もっと幸せになりたいから」悩んでいるのだ。**

もし、あなたが「今のままでいい」なら、悩むことなんて何もない。でも、今のままではなく、「もっとこうなるといいな」という「次の幸せ」に気づき始めているからこそ悩むことになる。そして、その悩みを乗り越えていくことで、もっと深く大きな幸せを得られる。人は悩めば悩むほど、幸せに近づいていく。

本当に、悩むと幸せになれるの？

しかし、「悩むほどに幸せになれるよ」と言われても、にわかには信じられないだろう。そこで次は「なぜ、悩むと幸せになれるのか」を具体的に考えてみよう。これが理解できたら、「もっと悩みたい！」って感じるだろう。

1 悩むと、自分で自分を幸せにできる

なぜ、悩むと幸せになれるのか？　僕が思う1つめの答えは、「自分で自分を幸せにできるから」だ。

僕も「宝くじが当たらないかな」とか、「ステキな人に告白されないかな」と、

いつか誰かが幸せにしてくれることをずっと願ってきた。でも、なかなかそんなことは起こらない。1億円以上の宝くじが当たる確率は、雷に打たれて死ぬ確率よりも低いらしい。そんな一発逆転に人生を懸《か》けるのも怖い。白馬に乗った王子様が来る前に人生が終わってしまうことにもなりかねないし、来たとしてもそんな生き方をしている人が、選ばれるとも思えない。そもそもあなたを幸せにできるのは、あなただけなのだから、自分を幸せにすることだけからは逃げてはダメだ。

あなたに必要なのは、いつか誰かが……と幸せを他人頼みにすることではなく、うまくいってないこと、チャレンジしたいこと、納得できていないことなど自分の悩みを見つけて、オセロを1枚ずつひっくり返していくように、1つずつ自分の手で自分なりの決着をつけていくことだ。悩みは、また1つ、人生を自分の色に変えていくチャンスだ。悩むほどに、人生はあなた色になっていく。

2 悩むと、自分の本音がわかる

悩んでいる時間の中で、自分の考えに気づくことがある。たとえば「学歴やお金があるほうがいい」「人は幸せになるべきだ」「結婚して、子供を持つほうがいい」「みんなに優しく」「人に迷惑をかけてはいけない」「和を乱《みだ》さないように」「悪いことはしちゃダメ」など、普段は意識していない考えが表面化してくる。

しかし、これらは本当なのだろうか？　僕がここで聞きたいのは「間違いない事実か？」ではなく、「あなたはそれでいいのか？」ということだ。

たとえば学歴やお金。「なくても幸せになれる」と思う人もいるかもしれないが、それはまだ「あったほうがいい」という枠《わく》の中にいる。「できればあったほうがいいけれど、少なくてもいい」という発想だからだ。しかし、世の中には「なかったからこそ幸せを得られた」という人もいる。僕も学歴がないが「できれば欲しかったけど、残念ながらない」のではなく、「もういいや。大切なのは学歴じゃない」と積極的に捨てたのだ。だからこそ、得られた幸せがある。

何かを選んだり、決断したりするときに、無意識にこうして植えつけられた価値観でよし悪しを決めがちだが、この「〇〇べき」という思考の枠があなたを苦しめることになる。なぜなら、それは他人の価値観であって、あなたの価値観ではないからだ。だからこそ、ときには「私はどう思うのか？」「私はどうしたいのか？」

と自分の声に耳を傾けることが大切だ。それが自分らしく生きるということだし、芯《しん》や軸《じく》を持って生きるということでもある。

しかし、「自分に染みついた他人の価値観」に気づくことは難しい。なぜなら、当たり前にそこにあるからだ。だからこそ、こういう悩みが生まれたタイミングを逃してはいけない。悩んでいるときこそ、その価値観を見直せるときなのだ。

僕は、学生の頃には「いい学校に入らなければ……」、サラリーマン時代は「出世しなければ……」、社長になってからは「会社を大きくしなければ……」と、「みんなの声」に縛《しば》られて苦しんでいたが、悩む時間を過ごすことで自分の本音に気づき、自分の仕事や人生をよりよいものに整えることができた。悩めば悩むほどに自分の本音に気づくことができるのだ。

あなたも「いいな」や「イヤだな」という時間を過ごして本音に気づけたら、自分をごまかすことなく素直に「これがいい！」と思えばいい。我慢も遠慮《えんりょ》もする必要はない。すべての思いが叶《かな》うほどには世の中は優しくないけれど、そもそも思わないことは叶わない。

3 悩むと、自分らしくなっていく

「自分らしく」とか「個性的に」という言葉をよく耳にするが、そもそも「らしさ」や「個性」って何だろう？

「個性とは他人と違うことだ」と思うのであれば、それは勘違いだ。たとえば、金髪のモヒカンで全身にタトゥーを入れれば、多くの人とは違うだろう。けれども、そういう人が集まるところに行けば、みんなと一緒だ。青色の中では赤色は「違う」けれど、赤の中にいれば、みんなと同じ。それは個性とは言わない。

個性とは「みんなと違う」ではなくて、「あなたのままでいる」こと。他人との比較ではなく、自分との対話でつくられていく。あなたらしくないものを、どんどん捨てていって、最後に残ったものがあなたの個性となる。

たとえば、僕は運動が苦手なので「スポーツ」は、さっさと捨てた。毎日のルーティンや指示命令されることも苦手なので「サラリーマン」も捨てた。社員を育てるのも苦手なので「社長」も捨てた。こうして「自分」ではないものを捨て、自分が心地よく感じることを選択してきた結果、今では「真誠さんらしいですね」とよく言われるようになった。

個性や「らしさ」は見つけるものではなくて、自然と自分の中から湧《わ》き出てくるもの。そのときに大切なことは、まずは「やってみる」だと思う。いくら頭で考えても、個性は湧き出てこない。

僕は、周囲や社会の常識で「こうするといい」「これができるといい」と言われたものには、とりあえず手を出してきた。食べず嫌いせずに「やってみた」からこそ、運動もサラリーマンも、そして社長も向いていないとわかったのだ。

実際にやってみると、いろいろなことに気づける。みんなと同じようにできない。みんなと同じように楽しいと思えない……。**そんな悩みと向き合うことで「これは自分ではない」と気づくことも諦めることもできる。諦めることができたからこそ、自分だと思えるものに集中したり、大切にしたりすることもできる。悩めば悩むほどに、自分らしくなっていく、とはこういう意味だ。**

4 悩むと、毎日が楽しくなる

ところで、あなたはゲームをしますか？

僕は子供の頃、クリアできないのが悔《くや》しくて、夢中になって何度もチャレンジしたことを覚えている。

実はゲームと悩みは似ている。目の前に課題があり、それをクリアするためにチャレンジする。当然、はじめはうまくいかないだろう。でも、くじけずに、ときには周りの人に教えてもらいながら、何度もチャレンジしてクリアを目指す。クリアできると嬉しいけれど、終わってしまう寂《さび》しさもある。だからチャレンジする楽しさを味わいたくて、もう少し難しいものにチャレンジしていく。そして、どんどん上手になっていく。

このようにゲームと悩みはそっくりだ。簡単にクリアできるゲームが楽しくないように、悩みもちょっとくらい難しいほうが楽しい。多くの人が悩みを避けたがるけれど、何も起きない毎日は「単調でつまらない」と逆に悩むことになる。そして、ゲームも悩みも、自分でチャレンジしないと楽しくない。

人生は「明日の自分を豊かにしていく」という壮大なゲームだ。そう考えると悩めば悩むほどに毎日は楽しくなる。もちろん悩むか悩まないか、あなたが決めればいい。

どうだろう？　ここまで読んだところで、「悩みもそう悪くないなー」と思えてきただろうか。悩みはツンデレだ。なかなか本心を見せてくれないので付き合い方がわからず、大変だ。しかし、**いい関係がつくられると悩みは親友になってくれて、どんどん幸せを生み出してくれるようになる。**

もしかすると「そんなに意識高くはいられない。私はもっとダラダラと流されて生きていたい」と思う人もいるかもしれない。それはそれでいいと思う。しかし、何かを選択するときに「なんとなく」や「しかたなく」という理由ではなく、「この道がいい！」と納得して選んでほしい。そうでないと、人生が不平不満と愚痴《ぐち》で塗りつぶされるからだ。

そして、悩みから逃げたほうがいいときもある。幸せを感じるために悩むのだから、不幸になるまで悩んでしまったのでは意味がない。「イヤだな」と思ったら、素直に逃げることも大切。今は逃げても、また「よし！　やってやろう！」と思える日が必ずやってくる。

だから、抜け出せない！やりがちな「悩みの7つの勘違い」

ここでは、悩んだときに多くの人がやりがちだけれど、実は逆効果でまったく解決できなかったり、むしろどんどん苦しくなったりする「悩みとの関わり方の勘違い」について話をしていく。一生懸命に悩んでいるのに不幸になったのでは意味がないから、じっくり読んでほしい。

やりがちな勘違い1 時が解決する

本当は悩みに気づいているのに、時間が解決してくれるだろうとお酒を飲んだり、楽しいことをしたり、目の前のことにがむしゃらになることで、忘れようとしたり、放置したりしていないだろうか。

目を逸《そ》らすことで、心の痛みは時とともに薄《うす》れていくこともあるだろう。しかし、悩み自体は自分の心の中で「よし！」と決着をつけるまでは、いつまでもついてまわるもの。それが自然に消滅することはない。

たとえば、大好きな人にフラれたとしよう。心がツラいから、旅に出たり、お酒を飲んだり、何かに夢中になったりして、一時的にツラいことから目を背ける時間は必要かもしれない。しかし、心が落ち着いたら、「なぜフラれたのかな?」「これからはどうするといいのかな?」ということを考え、乗り越えていかないと、その問題は次の恋でも顔を出して、同じ苦しみを味わうことになる。

悩みが生まれたときには、心が苦しくならないくらいの距離感を保ち、そして楽しくなる方法を考えながらしっかりと向き合っていこう。あなたは悩みを乗り越えていくたびに、強く大きく美しくなっていく。それは人としての深みという財産になっていくので、とても素敵なことだと思う。心が苦しくならない程度にたくさん悩んでほしい。

やりがちな勘違い２

アドバイスを鵜呑みにする

悩みがあると、他人に相談したくなる。本を読んだり、セミナーなどに参加する人もいるだろう。それ自体は悪くはないが、注意しておかなくてはいけないことがある。**他人のアドバイスや意見は、あなたにとっての「正解」ではなく、ただ**

の「ヒント」でしかないということだ。他人の意見が正解だと思うと、また余計に苦しむことになる。

これは玉子焼きに何をかけるかということに正解がないのと同じだ。みんなそれぞれ「醤油《しょうゆ》がいいよ」「ソースがいいよ」「お塩がいいよ」とアドバイスをしてくるだろうし、ときには「あなたのためを思って言っているの」「なんでわからないの？」と自分の意見を押しつけてくる人もいるだろう。しかし、それらは、あくまで「その人がそう思う」という1つの価値観でしかない。

あなたは、それらの意見をヒントとして聞いた上で、自分で決めればいいのだ。何が正解なのかは、あなたの中にしかない。

ときには、他人と答えが違うときもあるだろう。それは好みや考え方の違いでしかなく、どちらがよいとか悪いとかという話でもない。だから、考えが違うからといって「自分がダメなんだ」と落ち込んだり、「自分がおかしいのか？」と自分を責める必要もない。みんなが何と言おうと、あなたがそれでいいなら、みんなと違っていようともそれが正解なのだ。

他人のアドバイスを鵜呑《うの》みにするということは、他人に人生を操《あやつ》られているということだ。あなたの人生はあなたのものなのだから、「自分はどうするか」をしっかりと考え、自分の人生の主役として生きていこう。

ただし、**他人のアドバイスや意見をまったく聞いてはいけないということではない。人の話を聞いたり本を読むことで、自分では思いつかない発想の枠を広げることができる。**もしかすると、あなたが知らないこともあるかもしれない。それに耳を貸さなければ、とても狭い世界の中で生きていくことになる。だから、自分の選択肢を広げる上で、ヒントとして他人のアドバイスや意見を聞くことは、とてもオススメだ。

これから、誰かのアドバイスや意見に触れるときには「本当にそうだろうか?」「私はどうしたいのか?」と自分の考えや気持ちにも意識を向けてほしい。逆に、誰かに悩みを相談されたときにも、自分の考えや価値観を押しつけていないかを意識しよう。正解は人の数だけあるのだから。

自分なりの答えを見つけていく方法は、第2章で詳しくお伝えする。

やりがちな勘違い3

できない自分を責めてしまう

みんなと同じようにできなかったり、苦手なことがあったりすると、「私ってダメだなー」と自分を責めてしまいがちだ。僕もずっとそうだった。今でも気を抜くと、そんな気持ちになりがちだけど、自分を責めるということからは、何も生まれない。

ダメな自分をなんとかしたいと思い、苦手なことを克服しようとしがちだが、それはとても不自然な話だ。鳥がどれだけ練習しても魚みたいにはうまく泳げないように、泳ぐ、飛ぶ、走る、潜《もぐ》る、ぶらさがる、這《は》う……動物の才能もそれぞれ違っていて、すべてを完璧にこなす「オール5」の動物なんていない。

だから、できないことがあっても、ヘコむ必要はまったくない。できないものはさっさと諦めて、自分のよいところを伸ばすことに一生懸命になればいい。「できないものはできない」し、「やりたくないことはやりたくない」でいい。

こうして**自分ではできないことがハッキリすると、周りの人に支えてもらわないと生きていけないことがわかる。だからこそ周りの人を大切にするようになるし、心から感謝も湧《わ》き、自分が得意なことで周りの人を支えたいと思**

えるようになる。

こうやって誰もが好きで得意なことで、互いを支え合える世界のほうが自然で美しいと思う。だから、できない自分を見つけたときには、「なんでできないんだろう……」と自分を責めるのではなく、「よし、これは人に任せて、私は私のできることに集中しよう！」と切り替えていこう。

やりがちな勘違い4

たくさん勉強すれば……

たくさん勉強したりスキルが身につけば、悩みがなくなると思うかもしれないけど、それは勘違いだ。たとえば、テストが20点のときは30点を取りたいと悩むだろう。たくさん勉強して80点になれば、今度は90点に……と悩むものだ。人間国宝でも「もっといいものを……」と悩むのだから、どれだけ学んでスキルを磨《みが》いても、その段階に応じた悩みが新たに生まれ、いつまでも尽きることはない。だからといって、「学ばなくていい」と言っているわけではない。「学ぶだけでは大切なことが足りない」と言いたいのだ。

知識と知恵は大きく違う。知識は鉄砲の玉のようなもの。とても強い武器

になるけれど、そもそも鉄砲の使い方を知らないと、どんなに立派な玉をたくさん持っていても役に立たない。その鉄砲の使い方が知恵だ。ただやみくもに学ぶのではなく、何のために学ぶのかということを意識しておかないと、宝の持ち腐れになってしまう。

僕は先に学ぶのではなく、先に悩むことをしてきた。今から約20年前に、デザイン会社を創業したけれど、学校に行ったこともデザイン会社で働いたこともなく、どんなソフトを使ってデザインするのかも知らないくらいに、デザインの知識も経験もゼロだった。

しかし、僕はまず開業届を出し、友人たちに「デザイン会社を始めたから仕事があれば、声をかけてほしい」とお願いしたら、ある友人から「名刺つくれる？」と聞かれた。僕はやったこともなかったけれど、「できる！」と仕事を請《う》け負《お》った。

そうすると「どうすれば、いい名刺がつくれるだろう？」という悩みが生まれ、その悩みに向き合うことで僕はいい名刺のつくり方を学んでいった。同じように、チラシやパンフレット、ホームページも先に仕事を請け負って、「どうすれば、いいデザインができるのだろう？」と悩み、それを解決するために必要なことをどんどん学んでいったのだ。

もしかしたら「そんなものは仕事とは言わない！」とお叱《しか》りを受けるかもしれないけれど、僕もお客さまも満足していたのだから、それでいいのではないかと思う。

学ぶことで、自分の、そもそも「何のためにその武器が必要なのか」「どう活《い》かすのか」という発想がないと、どんなにいい武器でも何の役にも立たない。

僕の場合は、「何のために」が先にあって、その後「何を学ぶか」があった。だからブレることもなく、必要なものだけを効率よく学ぶこともできた。人は死ぬ瞬間まで成長し、学ぶことに終わりはないのだから、すべてを学んでから始めようとしていたら、死ぬまで何も始まらない。

ちなみに、こうして「文章を書く」ことも今では僕の仕事の1つだけれど、誰かから文章の書き方を学んだことはない。10年前にブログを書きはじめ、「伝わらないな」「書けないな」とたくさん悩んで試行錯誤をしながら、ここまで磨いてきた。おかげさまで型にとらわれることなく、自由に表現できるようになった。学ぶこともちろん大切だけど、その前に何のために学ぶのかをしっかりとイメージすることのほうが大切だと思う。

やりがちな勘違い5 周りを変えようとする

悩むときには「誰かのせい」にしがちなもの。あの人が……、会社が……、国が……、生い立ちが……、環境が……と、**「誰かのせい」にすれば、責任から逃げることができて気持ちはラクかもしれないが、それでは問題は解決しない。なぜなら、その問題をつくり出しているのはあなた自身だからだ。**

以前、僕はすごく苦手な人がいた。いつ会っても、どういう関わり方をしても、すごくイヤな感じで、最悪な人だと思っていた。しかし、その人は結婚もしているし、会社の人からもお客さまからも慕《した》われているようだった。「あんなにイヤな感じなのに……」と不思議に思っていたけれど、ある出来事で、その謎《なぞ》が解けることとなる。

それは、海外を旅していたときのこと。次の街に行くために、約4時間の長距離バスに乗ったのだが、2時間くらい走ったところでバスが壊れて止まってしまった。バスは直りそうになく、炎天下《えんてんか》の中、お店も民家もないところで、代替《だいたい》のバスを2時間ほど待つことになったのだが、そのとき、乗客は2つのタイプに別れた。

1つは、運転手さんにひたすら文句を言い続ける人たち。そして、もう1つは、「しかたないね」と、歌を歌ったりフリスビーをしたり、みんなでお話をしたりと思い思いの時間を楽しもうとする人たち。

目の前に起きていることは同じなのに、それをイヤな時間にする人もいれば、楽しい時間にする人もいる。そう考えると「楽しいこと」があるのではなく、「楽しめる人」がいるのだなと思ったのだ。先ほどの僕が苦手な人も同じ。その人が「イヤな人」だったわけではなく、「イヤだと感じていた僕」がいたのだ。

どんなことも、そのこと自体に問題があるわけではなく、問題だと思っている自分がいるのだから、いくら周囲を変えたところで、その悩みは解決しない。**他人を変えるのはとても難しいし、そもそもその人は悪くないのだから、自分がとらえ方を変えるほうが前向きだ。「あの人が……」ではなく、「私が……」と、いつも主語を自分にするクセを身につけるといい。**

やりがちな勘違い6
自分をごまかす

悩みがなかなか解決できないと、つい自分の本音をごまかそうとしてしまう。きっと、あなたの毎日の中にも納得できないことがあるのだろうが、それをごまかすと自分の心はどんどん迷子になっていく。

最近お会いした若い女性が話してくれた話は強烈《きょうれつ》だった。その人は、ある仕事がしたくて高校、大学とがんばって勉強してきた。就職活動もがんばり、憧れの会社に入ったという。面接でも新入社員研修でも「この会社で夢と希望を持って、あなたの個性を発揮してがんばってね！」と言われ、やる気はどんどん高まっていった。しかし、実際の業務についてみると、夢や希望や個性を発揮するようなことはかけらもなく、ただただツライだけの毎日が続いていたという。

先輩に「おかしくないですか？」と伝えても、先輩からは「仕事って、こんなものだよ」と言われる。はじめのうちは違和感を覚えていたけれど、だんだんと自分も染まっていき、2年が経った今では「おかしくないですか？」と言う後輩に「仕事ってこんなものだよ」と自分が言っていると、泣きながら話してくれたことがあった。

たしかに、一人で生きているわけではないので、ルールや常識も大切だと思う。みんなが自分勝手に生きていたのでは、秩序が保てない。しかし、その「みんな」

を意識しすぎて「自分」を失ったのでは意味がない。「みんな」を意識すればするほど、「あなた」は失われていく。「自分勝手」はよくないけれど、「わがまま」でいることは大切だと思う。

自分勝手とは、自分さえよければいいという状態。みんなで生きている以上、これはオススメできない。一方で「わがまま」とは、自分をごまかすことなく、まっすぐ生きている状態のこと。イヤなものはイヤ、嫌いは嫌いとハッキリ感じること。これは、とても素敵なことだ。しかし、わがままを言うには同時に責任を伴《ともな》うことも忘れてはいけない。

たとえば、みんなが静かに過ごしているような場所で、大きな声で騒ぐのは自分勝手だ。大きな声で騒ぎたいというわがままを通したいのであれば、それが許される場所に行けばいい。僕も、時間や場所、人に縛られたくないというわがままを通すためにフリーランスで生きるという選択をしている。

社会の中では、あなたのわがままが通らないことのほうが多いだろう。しかし、通るかどうかは大切ではなく、あなたが自分の気持ちを素直に感じているかということが大切だ。

先の若い女性のように、自分の気持ちよりも周りを優先することを繰り返していると、心がマヒしてしまい、イヤなことだけでなく、嬉しいことや楽しいこともわからなくなってしまう。そして、それではいつか心の病になってしまうだろう。自分が何に幸せを感じるかもわからないのに、幸せになれるはずもない。いつも、自分の気持ちには素直でいよう。

やりがちな勘違い7 「どうせ……」と諦める

つい「どうせ私なんて……」と自分に諦めてしまう経験は誰にでもあるだろう。そのほうがラクだからだ。でも、これは本当にもったいないし、実はとても危ないことだ。自分の可能性がどんどん閉じられていくし、自分のことを大切にできなくなってしまう。

どんなこともやってみないとわからないし、やってみることで、できるようになることも多い。あなたの人生において大切なことは、できるかどうかよりもやってみようと思えるかどうかだ。

たとえば、僕が「サッカー日本代表」に選ばれたとしよう。かつての僕であれば、

「どうせ、僕なんてダメですよ……」とお断りしていたと思う。しかし、今の僕は「やってみないとわからないので、一度行きますね！」と言うだろう。もしかすると、意外にサッカーが上手かもしれないし、サッカーが下手でも、その場に行ったことで、チームづくりのコンサルティングをするとか、選手のみんなの気持ちを高めるべくメンタルトレーナーを担《にな》うなど、僕の得意なことを発揮できるチャンスを得られるかもしれない。

「できるかどうか、やってみないとわからない」。その気持ちがあることで、そこから未来の可能性は大きく広がっていく。南国の花は、北国では咲かない。北国で咲けないと悲観するのではなく、あなたのままで咲ける場所を自分への愛を持って見つけていこう。

かつての僕は「どうせ自分は……」とすぐに諦めていた。しかし、両親をはじめ、周りにいてくれた人たちが僕のよいところも、そうでないところもひっくるめて全部を愛してくれたから、「こんな僕でもいいんだな」と、あるがままの自分を少しずつ好きになることができた。こういう人々との出会いに感謝し、僕も誰かにとってのそんな存在になりたいと思っている。

あなたは、あなたの答えで生きていけばいい

ここまで、悩むときにやりがちな勘違いについて7つの話をしたが、あなたはどう感じただろうか？　納得できることもあれば、「いや、私はそうは思わない」と思うこともあっただろう。

もし納得できないことがあったなら、その違和感は大切にしてほしい。「何が納得できないのか」「あなただったらどう考えるのか」など、想いを馳《は》せてくれるととても嬉しい。それでこそ、また新しい自分と出会えるからだ。

この章で悩みについての理解が深まったところで、いよいよ次の章では「どうやって悩みを解決すればいいか」という話をしていこう！

１章 まとめ

✓悩むと自分の声がわかる

✓自分で考えると悩みは幸せに変わる

✓悩みを乗り越えるたびに自分らしくなっていく

✓他人ではなく、自分に相談する

✓主語は「あの人」ではなく、「私」

✓「わがまま」と「自分勝手」は違うもの

第2章

悩みを
スッキリさせる！

悩みは、解決するだけが答えじゃない

ここからは、いよいよ悩みとの関わり方、つまり、どうやって悩みをスッキリさせるかという話をしていこう。

多くの人は、悩みは「解決するもの」と思い込んでいるかもしれないが、それは、「悩みとの付き合い方」の1つでしかない。それ以外にも3つの関わり方があり、むしろその3つのほうが大切なときもあるので詳しく話していこう。

悩みとの関わり方1　解決する

悩みがあるときに、それを解決する。これはもっともシンプルで、多くの人が取り組む関わり方だ。悩みによっては、「本当に自分に解決できるだろうか……」と思うこともあるかもしれない。しかし、ほとんどの悩みは、これまでに誰かが解決していることが多いのだから、あなたにもできるはずだ。

そして、**悩みを解決する際には、「自分で解決する」と「誰かに解決しても**

らう」の2つの方法がある。「人間関係がうまくいかない……」という悩みは自分で解決できるけれど、「虫歯が痛い」という悩みは（あなたが歯科医でなければ）自分では無理だろう。

この「自分で解決する」か、「誰かに解決してもらう」かの判断基準は持っておいたほうがいい。ここで迷うと余計な悩みが増えて、「悩みを解決するために悩む」というよくわからない状態になってしまうからだ。

僕は、何か悩みがあるときに、「これまでにやったことがない（悩んだことがない）」ことであれば、最優先でやってみることにしている。やったことがないからこそ、もしかしたらできるかもしれないし、すごく楽しいかもしれない。自分の可能性が広がるようなおいしいところを他人に譲《ゆず》るのはもったいない。

逆にもう何度もやってきたことや、できない、楽しくないと経験上わかっていることは、さっさと誰かにお願いすることにしている。第1章「やりがちな勘違い3」で「鳥と魚」について話したとおり、苦手なことに時間を割けるほどには人生は長くないし、もっと価値ある時間を過ごしたいと思うからだ。

質問

「自分で解決する」と「他人に任せる」は、何で決めますか？

ここで、ぜひこの質問に答えておいてほしい。

「他人に任せる」場合には、誰か適任者を探して相談すればいい。そして、「自分で解決する」の具体的な方法は、「悩みを自分で解決する——悩みには4つの段階がある」（60ページから）詳しく説明する。

悩みとの関わり方2　解決しない（受け入れる）

意外に思うかもしれないけれど、「解決しない」という解決方法もある。本書のような「悩み」に関する本の著者としては、「あなたにできないことはないよ！」「なんでも叶うよ！」「なんでも解決できるよ！」と言いたいところではあるけれど、世の中そんなに甘くないことは小さな子供でも知っている。残念だけど、どうしようもないこともある。その代表例が、「死」と「生」かもしれない。

僕は数年前に父を亡くした。そこで「なんで死んだの？　まだ話したいことも、一緒にやりたいこともたくさんあったのに、一人で先に旅立つなんて……」と悩んでも、父は帰ってこない。同じように「僕は、なんで、この顔と、この性格や才能で生まれたの？　もっとカッコよくて、みんなからも好かれるような性格で、勉強もスポーツもできたらよかったのに……」と悩んでも、現実は変わらない。

もちろん、解決するために努力することはできる。父の死に関しては、父の人生を調べてみたり、父の知人に会って話を聞いてみることができる。僕自身のことに関しては、似合う髪型を探したり、おしゃれをしたり、人としてのあり方を磨くなど、自分の気持ちを満たすためにできることはあるだろう。

しかし、自分に似合う髪型を探し続ける中で、「なんでこんな顔に生まれたんだろう……」と、また悩みを大きくするかもしれない。ならば、積極的に諦めて受け入れたほうがいい。根本的なところで「どうしようもない悩み」は、ただただ受け入れるしかないのだ。

ただし、これは人生を諦めようと言っているわけではない。父が死んだこと、こんな自分で生まれたこと、いじめられていたこと、離婚をしたことなどの**すでに起きた「事実」は変えようがない。でも、その事実を「どう思っているか」**

という自分のとらえ方を変えることはできる。

たとえば、僕はいじめられていたことに対して、今では「よかった」と思っている。あの経験をしたことによって弱い立場にいる人々の気持ちがリアルに感じられるようになったし、いじめられている中でも自分を大切に扱えていたことは、僕の中の小さな誇りにもなっている。今、全国の小中学校で授業をさせていただいているが、昔の僕のような子を見つけては、小さな勇気を与えることもできている。あのいじめられた経験がなければ、間違いなく今の僕はいないと言い切れる。

「どうしても変えられない事実」があるのなら、自分のとらえ方を変えていくしかない。もし、自分で変えられないときには、「違うとらえ方をしている人」に会うといい。

僕の女友達は太っていることに悩んでいた。彼女は「太っている」を「美しくない」ととらえてさまざまなダイエットに挑戦したけれど、体質によってなかなか痩《や》せることができないでいた。

しかし、たまたま旅したインドでは「太っていて美しい」と言われてすごくモテたらしく、その経験によって彼女は「太っている=美しい」と自分のとらえ方が変わった。そこから数年経った今では、「ふくよかな女性が好き」という人と出会って幸せな家庭を築いている。

もし彼女が「太っている＝美しくない」というとらえ方のままだったら、今も自分のことを好きになれずにいただろう。素晴らしい出会いもなかったかもしれない。

どうしても変えられないものは、とらえ方を変えて受け入れていこう。

悩みとの関わり方3 悩み続ける

3つめは「悩み続ける」だ。あなたが抱えている悩みの中には解決もせず、受け入れることもしないで、そのまま悩み続けるほうがいいこともある。解決することではなく、「悩むこと自体」に意味があることも多いからだ。

たとえば、僕は小学生のときにある小説を読んで以来、「何のために生きているのだろう？」とずっと悩んでいる。そして「もっと楽しい生き方はないかな？」ということもずっと悩んでいる。今、不満はなく最高に楽しいけれど、もしかすると、もっと楽しいことがあるかもしれないとも思ってる。

また、僕には大切な人がいる。「どうすれば、その大切な人を幸せにできるだろうか？」ということにもずっと悩んでいる。正確には悩んでいるというよりも、楽しく考えているに近いのだけど、これらの悩みに共通することは「正解や終わりがない」ということだ。

でも、それはイヤなことではなくて、「何のために生まれたのだろう？」という悩みを持ち続けることで、僕は自分の人生をよりよいものにしてきた。「もっと楽しいことないかな？」と悩むことで、毎日をよりよいものに磨くことができるし、「どうすれば、大切な人を幸せにできるだろう？」と悩むことで、よりよい関係を築くことができている。

悩みの中には、答えを出すことではなく、悩むこと自体に価値があることもたくさんある。その悩んでいる時間によって、人生の質を上げていくという貴重な悩みもある。

悩みとの関わり方4　悩まない

最後の関わり方は、そもそも「悩まない」ということだ。

悩みがあるということは、何かしらを「よりよくして、もっと幸せを感じたい」

と願っていることだ。しかし、逆に言うと「このままでいい」とすべてを受け入れることができるのであれば、悩むこともないだろう。

と、言葉で書くのは簡単だけど、実際はなかなか難しい。もし、すべての悩みを手放せるようになったら、「神様」と呼ばれるに違いない。そもそも「生きること」も「欲《よく》を手放すこと」も1つの欲なのだから、人は欲を切り離しては生きていけないのかもしれない。しかし、欲をゼロにすることは難しくても、少なくすることはできる。

僕は、できるだけ「こだわりを持たない」で「自然でいる」ことを意識している。「こだわる」とは、「これでないとダメだ」と選択肢を狭《せば》めることなので、こだわりが多いと生きることが大変になる。

たとえば、「私はフランス料理しか食べない」とこだわっていると、食べるものがなくなってしまう。「好き」は多いほうがいいとは思うけれど、「これでなくてはならない」というこだわりは少ないほうが、自由に柔軟《じゅうなん》に生きていける。

また、「自然」とは、すべてのバランスや調和が取れた完璧な状態だ。偏《かたよ》らないということでもある。右でもなく左でもなく、その真ん中にいる感じ。自分の中の

「とらわれ」を少しずつ解放して、いい意味で「何でもいい」という状態になりたいと思ってる。

余計なものを感じすぎると悩みも増える。周りに反応して生きていくのではなく、自分の中から自然と湧き出てくるものに意識を向けて生きることも大切だ。

ここまで悩みと親友になる4つの方法をお伝えしてきた。悩みが生まれたときに、「解決する」「解決しない（受け入れる）」「悩み続ける」「悩まない」のどれを選択すればいいのだろうかと思うかもしれないし、悩みの答えに迷うこともあるだろう。

そんなときは、**あなたの幸せが増えるものを選べばいい。**みんなの顔色をうかがって周囲に合わせたり、他人の評価を気にする必要はない。それをすると、また新しく余計な悩みが生まれてしまう。そもそも、**あなたの人生だし、幸せかどうかを決めているのもあなたなのだから、悩んだり迷ったりするときは、自分が幸せになるほうを選べばいいのだ。**いい答えが見つからず、他人に意見を求めるのもいいけれど、あくまでそれはヒントでしかないということも覚えておきたい。

そしてヒントを得たら、それを元に自分で考えて決めよう。これをしないと、いつまでも誰かのせいにすることになり、本当の意味で自分の人生を生きることや、自分の幸せをつかむことは難しくなってしまう。**幸せはオーダーメイドだ。誰かがつくった型では、そこその幸せしか得られない。あなたには、あなたに合った幸せがある。自分の声を聞くことで、自分オリジナルの幸せをつくっていこう。**

もしかすると、「自分がよければばいい」という選択によってみんなから嫌われると思うかもしれない。しかし、あなたがあなたらしくいて、それを嫌う人と一緒にいる意味はあるのだろうか？

今は、その気になれば世界中の人と知り合うことができる。あなたのままでいることを許し、尊敬し、愛してくれる人は必ずいる。そういう人と大切な関わりをつくればいいだけだ。**あなたが周りに合わせるのではなく、自分に合う周りを見つけていけばいい。**

また、普段から「悩まない」という生き方をするのもいいし、「悩む」という生き方をするのもいい。僕は、約2～3カ月おきくらいに「悩まない」と「悩む」を繰り返している。

「悩む時間」が僕を成長させてくれるので貴重な時間ではあるけれど、それだけだと疲れてしまうから、「悩まない時間」もつくって心を休めることにしてる。充分に休まると、また動き始めたくなるものだ。あなたも心を休めたいときなのか、何か成長をしていきたいときなのか、自分の心と相談して決めてほしい。

悩みを自分で解決する——悩みには4つの段階がある

ここからは「自分で解決する」方法を具体的に考えていこう。自分で悩みを解決するには、大きく4つの段階がある。これがイメージできていないと闇雲《やみくも》に悩むことになり、余計に迷子になってしまう。自分の悩みがどう解決されていくのかをイメージしてほしい。

1つめは「悩み」という段階。悩みとは、「何をどうすればいいいか」もわかっていない状態をいう。何かイヤなことや、もっとこうしたいと思うことはあっても何が原因なのか、どうすればいいかなど、まったく見えずにモヤモヤと漠然としている状態では解決しようがない。たとえば、「異性にモテなくて困ってる」というような状態だ。

2つめは「課題」という状態。悩みを分解し、整理していくと、問題点や原因などが見えてくる。そうなると「こうするといいかもしれない」という具体的な解決の糸口が見えてくるため、あとは「どうやって？」を残すだけの課題になっていく。たとえば、「モテるために、清潔感を出したい。楽しい会話ができるようになりたい」というように、具体的になる。

3つめは「目標」という状態。2つめの課題に対して、「いつまでに」「どれくらい」というゴールのイメージをすることで、課題は「目標」になっていく。たとえば、「1カ月後までに髪を整える。半年後までには、周りから『楽しいね！』と言われるような話ができるようになる」という状態。

最後の**4つめは「行動」という状態。**どんなにいいことを思いついても、行動しなければ何も変わらない。残念ながら、多くの人がこの「行動」の前で止まっている。行動することでしか現実を変えられないのだから、この行動こそがとても大切だ。

準備を整えることに一生懸命になりすぎて、なかなか一歩を踏み出せないこともある。しかし、実際には、進んでみないとわからないことのほうが多い。わかっているから進めるのではなく、進むからわかるし、整っていくのだ。まずは行動すること。行動でしか本当のことには気づけないからだ。

どうだろう？　あなたの悩みが、どんなふうに解決されていくかというイメージができただろうか。こうして解決までの道のりがイメージできると、そんなに難しくないこともわかる。悩みは、あなたが解決できると思えばできるし、できないと思えばできないものだ。

質問すれば、自分の進む道が見えてくる！

自分で自分の悩みを解決していくには、自分に質問をするといい。自問することでモヤモヤしている状態から、1つずつ悩みを分解していき、最終的には「今から何をすればいいのか」という自分の考えが明確になっていく。

なぜ、質問なのか？

あなたも上司や親、先生などから「ちゃんと考えなさい！」「もっと考えて！」と言われ、「考えろと言われても、どうやって考えればいいの？」と思ったことはないだろうか。

そんなときに効果的なのが、「自分に質問をすること」だ。人は鏡がないと自分の顔を見ることができないのと同じように、自分の気持ちや考えも、自分ではなかなかわかりにくい。そんなときに、質問は鏡のように自分の心や頭の中を映し出してくれる。

たとえば「昨日の夜、何を食べた？」と質問されれば、自動的に答えを探そうするように、人は質問をされると自動的に考え始める。「夢を考えて」と突然言われてもなかなか難しいけれど、「もし何でも叶《かな》うとすれば、何を叶えたい？」と質問されれば、書けるのではないだろうか。それが質問の効果だ。

ある脳科学者によると、人は無意識のうちに1日に2万回も自問自答しているらしい。その質問の質がよくなると、自然と人生全体もよくなっていく。質問上手は、人生上手だ。

自分の答えを引き出していく

第1章で話したことの繰り返しになるけれど、悩みを解決するときには「ヒント」と「答え」を明確に意識しておかないといけない。他人に相談したり本を読んでも、それらはすべて「ヒント」であって「正解」ではない。だから、そのまま鵜呑みにすると「こんなはずじゃなかったのに……」となってしまう。大切なことは、それらの「ヒント」を参考に自分で答えを見つけていくことだ。

たとえば、レストランや居酒屋さんに行くときやホテルを予約するときなど、レビューサイトを見て評価点や口コミなどを気にする人もいるだろう。しかし、評価が高いというのは「いいと思った人が多い」ということでしかなく、それが「あなたにとっていい」とは限らない。同じように常識は「多くの人がそう思っている」

という多数の意見であって、それが「正しい」とは限らない。

結局、**あなたにとって最高の答えは、あなたの中にしかない。その「あなたの中にある答え」を引き出すときに、質問が力を発揮する。**

では、**まったく他人の意見を聞かなくていいかというと、そうではない。他人の意見を聞くことによって自分の答えに「広がり」と「深さ」を持たせることができるからだ。**

ときどき、「えー、そう考えるんだ！」という他人の発想と出合ったりするけれど、それが僕の選択や発想に成長をもたらしてくれるので、とてもありがたい。したがって他人の意見をヒントに自分に質問をしながら、悩みへの答えを見つけていくといい。

質問に答えるときのルール

次に質問の力をより効果的にするためのルールが４つあるので紹介しておきたい。

どれも僕が長年、質問を研究してたどり着いた大切なルールで、これがないと効果が半減するので、ぜひ大切にしてほしい。

ルール1 どんな答えでもいい

学校での勉強には「1＋1＝2」という明確な答えがある。しかし、これからやっていく質問の答えは正解も不正解もない。「みんながどう思うか」とか、「どう思うといいのか」という常識や立派な答えを求めているわけではなく、「あなたがどう思うか」を知りたいので素直に思うことを書いてほしい。

ルール2 答えが出なくてもいい

ときには、答えが出ない質問もあるかもしれない。しかし、それは悪いことではなく、「これまでに考えたことがなかった」ということでしかない。だから答えられないからといって悲観する必要はまったくなく、むしろ成長できるきっかけを見つけたと喜んでほしいくらいだ。

また、今すぐに答えが見つからないときは、一度、その質問から離れてみるといい。僕自身、シャワーを浴びているときや海岸を散歩しているときに、答えがふっと浮かんでくる。今は答えが見つからなくても頭の片隅《かたすみ》に質問を置いていれば、何気ないときにいい答えが浮かんでくる。

ルール3 答えは紙に書く

これからする質問の答えは、頭の中だけでなく、ぜひとも紙に書き出してほしい。悩みは、自分ではよくわからなくても、他人に相談されればよくわかることがある。それは他人は、自分とは切り離されているので客観的に見ることができるからだ。

考えも同じで、頭の中にあるときはよく見えない。けれども書くことで、自分の考えを他人のように切り離して見ることができる。これは、本当に効果に違いがあるので、ぜひノートなどを用意して質問の答えを書き出してほしい。

「ひとり質問会議」――心のモヤモヤが晴れる8つの質問

これから、あなたの悩みを分解して、あなたらしい答えを見つけていく方法をお伝えしていく。たった8つの質問に答えていくだけだけど、これが本当にパワフルで、僕は経営者などへのコンサルにも、この手法をそのまま使っている。本当にやりたいことに気づけたり、どうしていいかわからずに長年悩んでいたことが解決したりと効果は絶大だ。とても簡単なので、ぜひ、あなたも取り組んでみてほしい。

この「ひとり質問会議」の目的は、8つの質問を通して「これをすればいい」という悩みに対する自分の行動を見つけていくことなので、途中で答えが見つかったときは、8個すべての質問に答えなくてもいい。

ちなみに質問5と6は周りの人の意見を聞いてみるのもオススメだ。自分では気づかないことや思いつかないことを教えてくれたりするので発想が広がる。

また、他人に直接聞かなくとも「あの人だったらどう考えるかな?」と考えてみるのも効果的だ。僕の場合は「父だったらどう考えるだろう?」や「尊敬している○○さんだったら……」とよく自問している。

ステップ1　悩みを書き出す

あなたが悩んでいることを書き出してみよう。うまくいかないこと、どうすればいいかわからないこと、問題だと思っていること、困っていること、なんとかしたいと思っていること……。何でもいいので些細《ささい》なことを大切に、できるだけたくさん書き出してみよう。一度、ここで本書を読むのをやめて、あなたの思う答えを紙に書き出し、その後で、この続きを読んでいこう。86ページには各質問の回答例を紹介しているので、答えに迷うときには参考にしてほしい。

質問1　今、どんな悩みがありますか？

こうして、答えを書き出してみることで、「なんとなく」だったものが「ハッキリ」としたものになってきたのではないだろうか。言葉にするだけでも、頭の中は自然と整理できていくので、悩むときにはまず頭の中を書き出すといい。

この「なんとなくモヤモヤする」状態のものを放置してはいけない。放置しても解消されないし、そのモヤモヤこそが、実はあなたがより幸せを手にするとても大切なチャンスだからだ。

「なんとなくモヤモヤする」と出合ったら、「何がモヤモヤするんだろう?」「どうしてモヤモヤするんだろう?」と、その正体をつかんでほしい。

僕は定期的(週1〜2回くらいのペース)で、この「今、どんな悩みがありますか?」という質問に答えている。目を閉じて感じているモヤモヤを捕《つか》まえて言葉として吐き出すだけで、スッキリして解決してしまう悩みもある。

この「なんとなくしたモヤモヤの正体をつかむ」ということは、人生をよりよくする上でとても大切で、人生を思いどおりに生きている人は総じてこの「モヤモヤの正体をつかむ」能力が高いように思う。**人は、言葉にできないものをとらえることができない。モヤモヤを言語化するスキルを高めることは、同時に問題解決力を高めることだ。**

次のステップに進む前に、今ここで書き出した答えの中から、「特に、今解決したい悩み」を1つだけ選んでほしい。ここからは、今選んだ1つの悩みについて考えていこう(もし選びきれない場合は、それぞれの悩みについて、次の7つの質問を考えてみてほしい)。

ステップ2 正体を見つける

質問1の答えで選んだ悩みに対して、「何が問題なのか？」を考えてみよう。悩みの中には「なんとなく問題だと思っていること」がよくある。その悩みの本質をつかむために、この質問を考えてほしい。

「〇〇〇（質問1の答え）だと、□□□になるから問題」
「〇〇〇（質問1の答え）だと、□□□だから問題」

このように、「質問1」の答えだと、「□□□」のような問題があるということを考えてみてほしい。

質問2　それは、何が問題ですか？

この質問に答えると、「本当に悩んでいること」や「本当に悩んだほうがいいこと」が見えてくる。

たとえば「飲みに行きたくないのに、上司がよく誘ってきて困る」という悩みがあったとしよう。しかし、この状態で解決することは難しい。なぜなら「何が問題か」が不明確だからだ。

「断れないことが問題」なのか、それとも「毎回、断ることが申し訳ないことが問題なのか」「そもそも飲みに行きたくないのか」「飲みではなく、お茶ならいいのか」「1対1がイヤなのか」など、問題はいろいろある。

その中で「何が問題なのか？」を明確にしていくことが解決に近づく道だ。「なんとなく」悩んでいたのでは、「なんとなく」の答えしか得られない。

そして、ときには「周りから言われて、なんとなくそう思っている」「常識的に問題」などのように「なんとなく問題だ」と思っているだけで、よくよく考えてみると、そんなに問題でもないことがあったりする。

僕たちは、親や先生、上司、先輩など周りから、「常識」を教わってきた。それ自体は大事な経験だが、教わったことがもはや古くなっていることも、あなたには合わないこともある。自分に合わないものにしがみついて心を苦しめる必要はない。それに自分に染みついた価値観は当たり前すぎて、その存在に気づくことすら難しいものだ。しかし、こうして悩みが生まれたタイミングは、自分の価値観を見直す絶好のタイミングでもある。「何が問題なのか？」を明確にしていこう。

ステップ3 現状を把握する

次は「現状」を整理していこう。解決するために「やったこと」と「まだやっていないこと」。そして「やったこと」の中から「うまくいってること」と「うまくいってないこと」の4つの視点で答えを書き出してみよう。

質問3 今、どんな状態ですか？

少し前の話だが、地図が紙だった頃は、地図を読めない人が多くいた。しかし、地図がスマートフォンになったことで多くの人が地図を読めるようになったのだが、理由がわかるだろうか？

答えは簡単で、スマートフォンでは自分がどこにいるかがわかるようになったからだ。行き先がわかっても、現在地がわからなければ、どの道をどちらに進めばいいかわからない。

悩みも同じ。悩みを解決するということは、現実（現在地）と理想（目的地）のギャップを埋めていくことだ。だから今の自分の状態がわからなければ、解決策も見えてこない。だからこそ、この質問で自分の現在地を明確にしておこう。

ステップ4　ゴールを明確にする

質問3で自分の現在地がわかったら、次は「目的地」を明確にしよう。今の悩みがどんな状態になれたら、最高に嬉しいだろうか。「できる」「できない」を考えずに、「こうなったら最高に嬉しい！」という状態を書いてみよう。

質問4 どうなったら、最高に嬉しいと思えますか？

目指すものが変われば、当然、何をするかも変わってくる。たとえば、今の会社が気に入らないときに「この会社を辞めて、もっと自分に合う会社に転職する」という答えもあれば、「この会社の問題だと思うところを変えていこう」という答えもある。どちらを目指すかで、あなたがやるべきことは大きく変わる。

ステップ5 原因を見つける

次に、その問題を生み出している原因を明確にしていこう。僕自身も、いろいろな人のコンサルティングをさせていただいているが、原因が曖昧《あいまい》だから解決できないことが多い。

質問5　原因は何だと思いますか？

この質問により答えやすくするために、いくつかのステップをお伝えしたい。

本当の原因を見つけるステップ

❶質問1で選んだ悩みを、「なぜ？」で始まる質問に書き換える
例「なぜ、結婚できないのだろう？」
❷今つくった質問の答えを思いつく限り、書き出してみる
例「出会いがないから」「結婚願望がないから」
❸❷で書き出した答えの「なぜ？」を考えてみる

例「なぜ、出会いがないのだろう?」「なぜ、結婚願望がないのだろう?」

❹❷と❸繰り返して、どんどん原因を深めていく

例「家と会社の往復だから」「周りに手本となるいい夫婦がいないから」

❺これだと思える原因が見つかったら、深掘りするのをやめる。

（90～91ページを参照）

こうして「なぜ?」を繰り返して原因を深掘りしていくと、本当の原因が見えてくる。本当の原因を見つけないままに解決策だけ考えようとすると、的外《まとはず》れなことを繰り返すことになるので注意しよう。

僕の友人で、結婚したいのにずっとできない人がいた。その人は結婚できない理由を「いい人と出会えないから」と思い、とにかく一生懸命「出会うこと」をし続

けていた。それでもなぜかうまくいかなかったのだ。

そんなあるとき、「結婚って、どんなイメージなの？」と僕が質問したことで、「子供の頃に両親がいつもケンカしていたから、夫婦にいいイメージがなくて、恋人ができても、両親みたいになるかも……」と自分で心の中のブレーキを踏んでいたことに気づいたのだ。それから、その友人はいい夫婦が出てくる映画をたくさん見たり、夫婦仲がいい友達の話を聞いたりして、「夫婦」に対するイメージを書き換えていった。そうするとあっという間に結婚してしまった。

原因がズレていると、解決できるものもできなくなってしまう。だからこそ、この質問「原因は何だと思いますか？」は本当に大切だ。

ステップ6　解決策を考える

ここまでの質問で、現状・理想・原因が明確になったので、次は理想に一歩でも近づけるような解決策を考えていこう。ここでも「できる」「できない」は考えずに、「なんでもできるとしたら、どうすればいいだろう？」と、自由に発想してみてほしい。

そしてより斬新《ざんしん》で柔軟な答えを出すために、オススメな方法がある。それは「できるだけバカげたことを考えてみる」ことだ。質問に対してはつい真面目に答えがちだけれど、それだと発想が凝《こ》り固《かた》まってしまい、いつもと同じ答えしか出てこない。しかし、できるだけバカな発想をしようとすると、これまでの概念にとらわれない自由な答えが生まれてきやすい。

たとえば、「どうすれば、出会えるだろう？」と考えると、「趣味を始める」「紹介してもらう」「出会い系サービスを利用する」のような答えが出てくるだろう。しかし、「自分のテレビＣＭをしてもらう」「僕と出会うことを国民の義務にしてもらう」「恋人募集中と背中に書かれたＴシャツをつくる」「バーを開いて素敵なお客さまが来るのを待つ」のような、意味のないようなバカげたアイデアの中にこそ、キラリと光るアイデアが隠れていたりするものだ。

さらに、この質問では、「どうすればいいと思う？」とぜひ周囲の人にも意見を求めてみてほしい。自分では思いつかないアイデアを出してくれるだろう。

質問6　どうすれば解決できますか？

僕は昔はよく「なんでダメなんだろう？」「なんでできないのだろう？」と、「なんで？」という質問を多用していた。しかしそれでは、自分を責めることになり、うまくいかない。

たとえば、待ち合わせをしていて相手が遅れてきたとしよう。その人に「なんで遅れたの？」と質問すると、きっと相手は「寝坊したから」「電車が遅れて」と答えるだろう。でも、これらは「言い訳」でしかない。この答えを聞いたところで相手を責める気持ちが湧いてくるだけで、何も解決はしない。

しかし、その遅れてきた人に「どうすれば、次は時間どおりに来られる？」と質問すると、「早めに起きる」「前もって準備をしておく」のように「解決策」を引き出すことができる。

「なんで？」と聞けば言い訳が返ってくるだけだが、「どうすれば？」と問い

かければ、未来をつくることができる。自分にも、周りの人にも「なんで？」と聞きたくなるときには、「どうすれば？」も一緒に聞くようにしよう。問いかける質問を変えるだけで、未来を変えることができる。

ステップ７　行動する

次はより具体的に今すぐできることを考えてみよう。できれば、今日とか明日とか、遅くとも１週間以内にできることを挙げてほしい。

質問７　まずできることは何ですか？

「やろうと思っていた」「考えていた」と言いがちだけれど、どんなに立派なアイデアがあっても行動に移さないのであれば、それは存在しないに等しい。近い将来、テクノロジーの発展によって何かを思うだけで現実が変わる未来が来るかもしれないが、現実のところは現実を変える唯一の手段は「行動する」だけだ。
行動に移すときにはコツがある。それは「できるだけ小さな一歩」を踏み出すことだ。つい「大きな一歩」を踏み出そうとしがちだが、それだと未知の世界に飛び込む勇気や自信が必要になり、なかなか行動に移せなくなる。しかし、小さな一歩であれば勇気も自信も必要なく、進んでいける。

僕は、自分の中で「24時間ルール」というのを決めている。何か「いいな！」と思うことがあったら、24時間以内に一歩を踏み出すというものだ。

僕は、チェ・ゲバラの映画を見たことで、キューバという国に興味を持った。キューバに行ってみたいと思っていても、「いつか行けたらいいな……」と、ぼんやりとしたままだっただろう。しかし、僕には「24時間ルール」があるので、まずは「どうやって行くのか」「いくらで行けるのか」「治安はどうなのか？」を調べてみた。するとそんなに遠くも高くもないことがわかり、僕は翌月には1カ月ほどかけてキューバを旅してきた。

こうして「調べる」という小さな行動が、次の行動につながっていき、大きな想いを形にしていくことができる。**考えるだけでは何も変わらない。「いつか」と**

いう妄想を現実にするために、今できることを1つでも行動に移していこう。知ることでハードルは下がっていく。ぜひ、どうすればいいかわからないものこそ「調べる」という小さな一歩を踏み出してほしい。

「一歩を踏み出す勇気がない」とか「自信がない」と行動しない言い訳をしても、自分が損をするだけだ。だからこそ「まずできることは何ですか？」とぜひ自分に質問してほしい。

ステップ8 やる気を加える

質問7「まずできることは何ですか？」で見つかった行動が、「やらなくてはならないこと」であれば、きっと行動しないし、行動したとしても長くは続かない。幸せになるために悩みを解決しようとしているのに、苦しくなったのでは意味がない。せっかくなら楽しく悩みを解決していこう。

そこで「やらなくてはいけないこと」が、どうすれば「やりたいこと」になるかを考えよう。たとえば「できたら、おいしいものを食べに行く」のように自分に「ご褒美《ほうび》」を用意することでやる気になる人もいるだろうし、僕のように「いかに早くやるか」というゲームで自分が楽しめる方法をつくる人もいる。または「こんな未来が待っている」というビジョンを明確にする人もいれば、「誰かのために」と思うことでやる気になる人もいる。

質問8　どうすれば、もっとワクワクできますか？

ここまでの8つの質問を重ねていくだけで、自分なりの解決策が見えてきたのではないだろうか。ワクワク楽しい解決策が見つかれば、自然と行動できるようになる。こうして自分に質問することで順を追って考えていくと、どんなに複雑で難しい悩みでもシンプルに解いていくことができる。

しかし、8つの質問に答えたけれど、いい答えが出なかった……という人もいるだろう。それは、自分の考えを整理することや、自分の考えに従って行動することにまだ慣れていないだけ。ここまでの人生で親や先生、先輩、上司、他人の意見を素直に聞いて従ってきたのかもしれない。

長い間、自分に染みついてきた感覚は簡単には変えられないかもしれないけれど、時間をかければ必ず変えられる。少しずつでもいいので、ここで紹介した質問に答えながら「自分で考え、自分の考えに従う」ということを積み重ねていこう。

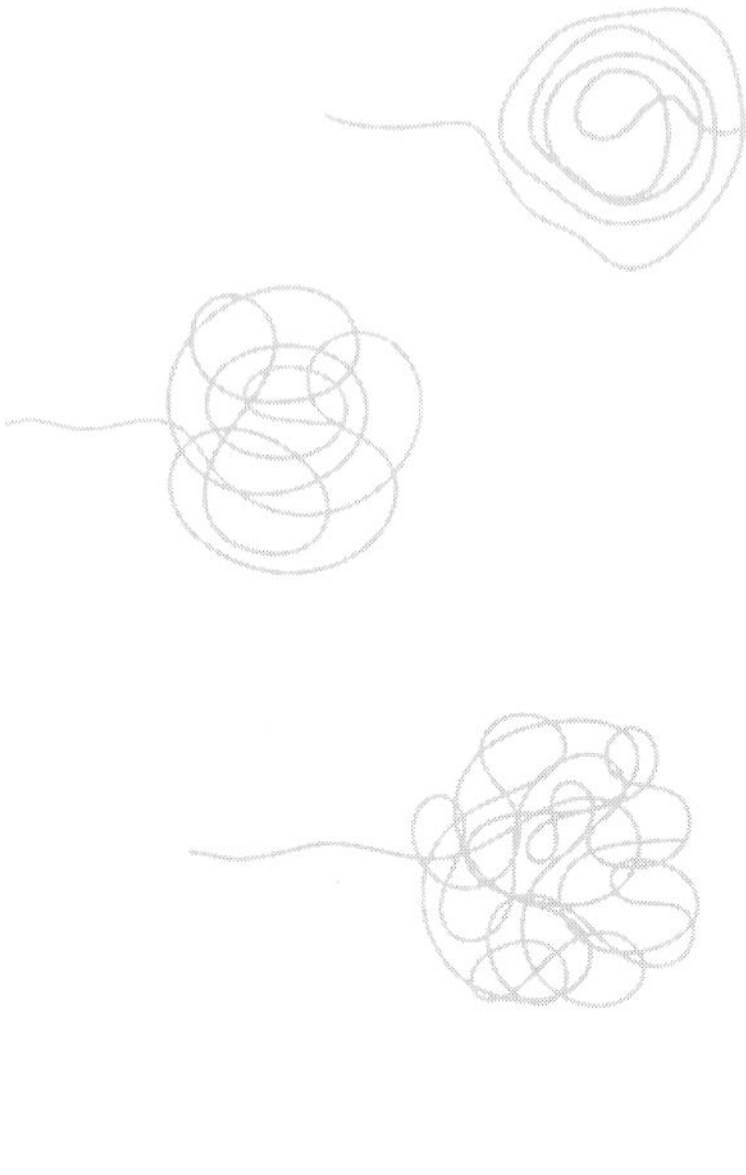

例「みんなの答え」

質問1 今、どんな悩みがありますか？

Aさん 恋人ができない。

Bさん 職場のCさんとうまく関われない。

質問2 それは、何が問題ですか？

Aさん 恋人ができないと毎日が寂しいし、結婚できない。

Bさん Cさんとうまく関われないと、仕事に支障が出る。

質問3　今、どんな状態ですか？

Aさん
出会いを求めて趣味のサークルに入ったり、友達に紹介してもらったりしたけれど、まだいい出会いはない。でも、自分の好みのタイプは明確になってきた。

Bさん
Cさんと仲よくしようと、まずは気持ちよく挨拶するようにしてみたら、いい感じ。でも、言いたいことを伝えるには、まだ壁を感じる。

質問4　どうなったら、最高に嬉しいと思えますか？

Aさん
一生涯を添い遂げられるパートナーと出会えたら最高。

Bさん
プライベートまで仲よくしたいとは思えないけれど、最高の仕事ができるベストな仲間になれたら最高。

質問5　原因は何だと思いますか？

Aさん　出会いがない。自分の条件が厳しすぎるなど。

Bさん　性格が合わない。考え方が違いすぎる。深く話したことがない（誤解しているかも？）。

質問6　どうすれば解決できますか？

Aさん　趣味のサークルに入って、交友関係を広げる。

Bさん　まずは、じっくり話してみる。そして、「違いがあるからこそ、大切な仲間」と認識する。

質問7 まずできることは何ですか？

Aさん
まずは、どんなサークルがあるかを調べる。

Bさん
Cさんがいることで助かっていることを書き出してみる。立ち話をしてみる。

質問8 どうすれば、もっとワクワクできますか？

Aさん
大好きな友達に声をかけて、一緒に楽しめるようにする。

Bさん
Cさんと仲よく一緒に仕事ができているところを想像する。

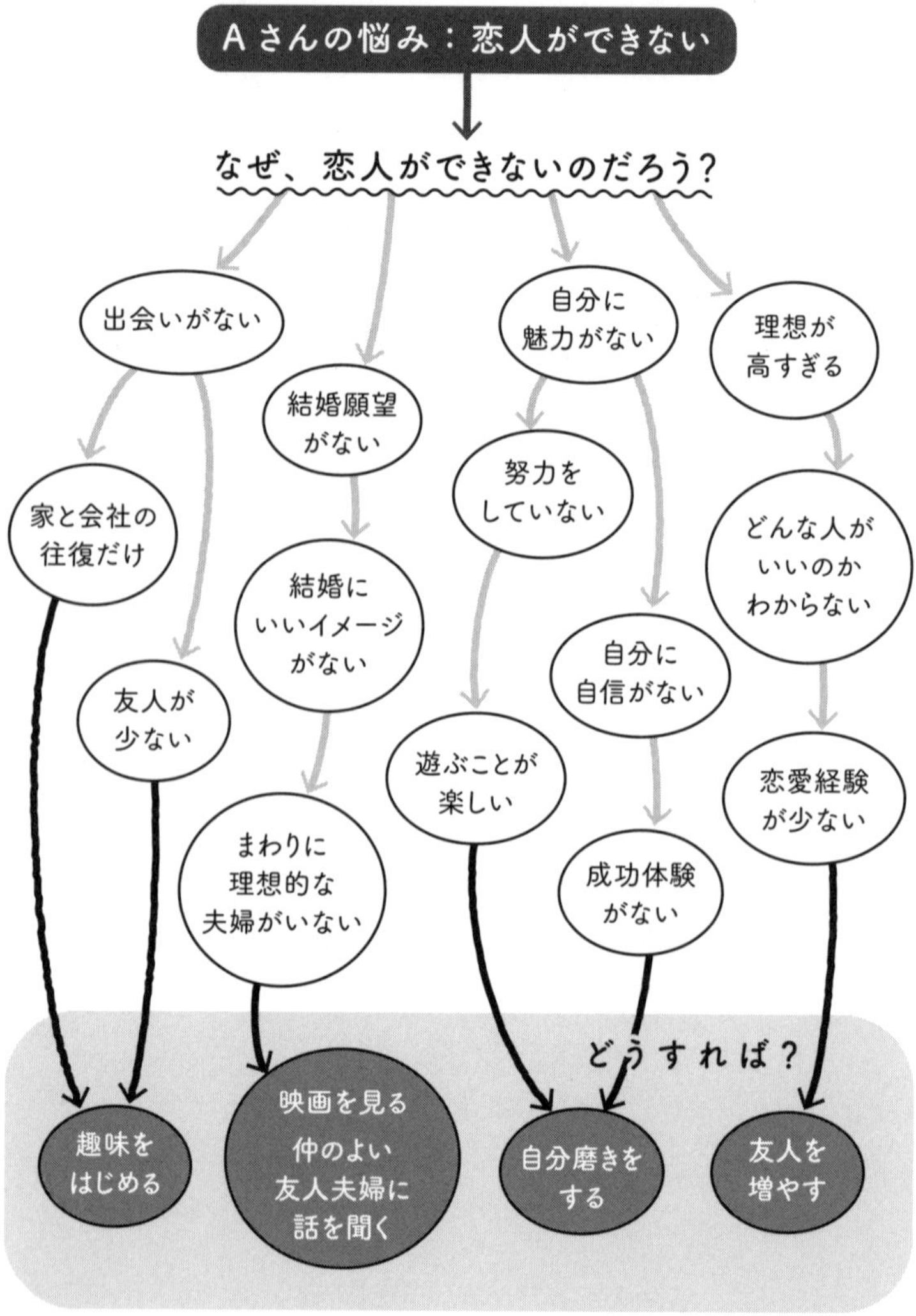
Aさんの悩み：恋人ができない
なぜ、恋人ができないのだろう？
出会いがない
結婚願望がない
自分に魅力がない
理想が高すぎる
家と会社の往復だけ
努力をしていない
どんな人がいいのかわからない
結婚にいいイメージがない
自分に自信がない
友人が少ない
遊ぶことが楽しい
恋愛経験が少ない
まわりに理想的な夫婦がいない
成功体験がない
どうすれば？
趣味をはじめる
映画を見る
仲のよい友人夫婦に話を聞く
自分磨きをする
友人を増やす

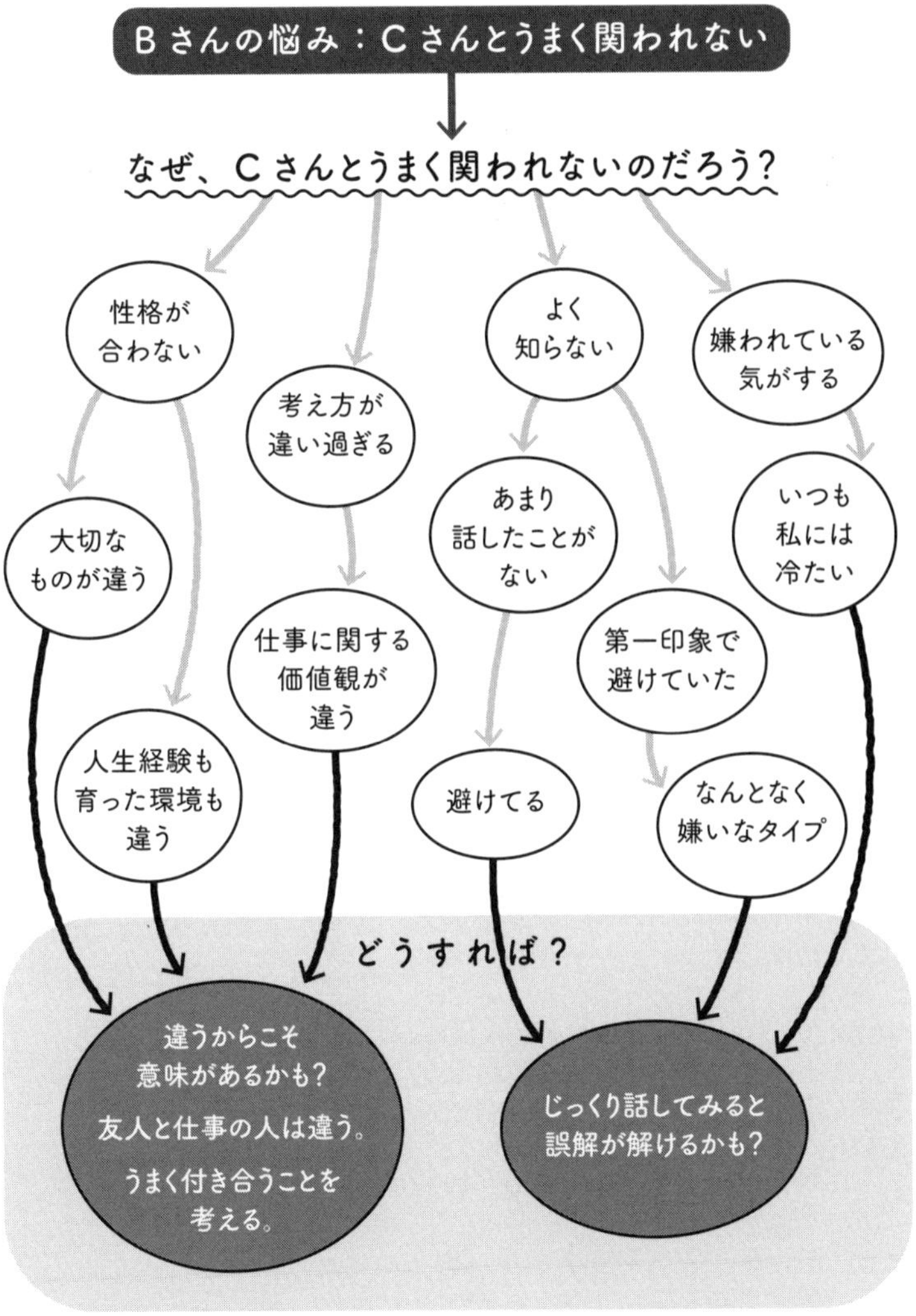
Bさんの悩み：Cさんとうまく関われない
なぜ、Cさんとうまく関われないのだろう？
性格が合わない
大切なものが違う
人生経験も育った環境も違う
考え方が違い過ぎる
仕事に関する価値観が違う
よく知らない
あまり話したことがない
避けてる
第一印象で避けていた
なんとなく嫌いなタイプ
嫌われている気がする
いつも私には冷たい
どうすれば？
違うからこそ意味があるかも？
友人と仕事の人は違う。
うまく付き合うことを考える。
じっくり話してみると誤解が解けるかも？

もっと自分の声を聞くために

質問は、とても強力だ。自分の気持ちや考えを整理したり、新しいアイデアを生み出すことが簡単かつ効果的にできる。アインシュタインは「死に直面し、助かる方法を考えるためにもし1時間あるとしたら、最初の55分は適切な質問を探すのに費《つい》やすだろう」という言葉を残しているくらいだ。

いい答えは、いい質問から生まれる。しかし、とても強力な分だけ、使い方を間違えると逆効果になる。僕も、はじめて自分に質問したときは、実は、あまりうまくいかなかった。質問に答えれば答えるほどに苦しくなっていたのだ。

そこで、より質問を上手に使いこなすためのコツを5つほど、お伝えしたい。このコツは日々の生活の中でも役立つことなので意識してみてほしい。

自問のコツ1　「本当に？」と疑う

たとえば「人生はお金だ」という人もいれば、「人生は愛だ」という人もいるように、あなたも自分が大切だと思うことを大切にして生きているのではないだろうか。その「何を大切にするのか」は「価値観」と呼ばれるもので、これに基づいて僕たちは考えたり、決断したりしている。しかしときに、この「価値観」があなたを苦しめることがある。

僕は「みんなと同じ行動ができないなんてダメなのでは？」「みんなと仲よくできないなんてダメなのでは？」「お金を稼ぐことや会社を大きくすることに楽しみを感じないのはおかしいのかな？」と悩んできたが、それは、なんとなく「正しい」と信じていたことが、実は自分には合っていなかっただけなのだ。だから、自分の人生を生きていくためには、どこかで、自分の中にある価値観を見直していく必要がある。

そもそも、あなたの価値観は、これまで出会ってきた人に大きな影響を受けている。人は生まれたときには「ゼロ」の状態だ。何も知らないし、何の基準も持っていない。しかし、それでは何の判断もできないので、親や先生、周りの人たちが「こういうときには、こう考えるといいよ」と教えてくれる。

ときどき「私は誰の影響も受けずに生きてきた！」と言う人がいるが、そんなことはありえない。「お金」も1つの価値観だし、「おはよう」と挨拶することや「ありがとう」と感謝すること、年上を敬《うやま》うことや命を大切にすること、人を愛することも1つの価値観だ。無意識のうちにたくさんの影響を受けて、今のあなたはつくられている。

生まれたままの「ゼロ」の状態から自分ひとりで価値観を生み出すことはできないから、まずは周りの人に教えてもらうことは大切だ。しかし、その教えられた価値観だけではうまくいかないときもある。むしろ周囲から与えられた価値観を生きていくほうが危険だ。

特に最近はSNSなどで他人の価値観に触れる機会が多いので、しっかり「自分の価値観」を持っておかないと、周りが「いいね！」と言っていることを、鵜呑みしてしまいがちだ。それではどんどん自分の心が失われていくし、そもそも与えられた価値感がいつも正しいとは限らない。正解は時代によっても変わるし、人の数だけあるものだ。

自分の価値観を見直すためには「本当に？」と疑うクセを持つといい。それは質問に答えるときも同じだ。スラスラ書けた答えこそ、書き終わった後に「本当に？」「もっといい答えはないかな？」と疑ってみることを強くオススメする。**特に、あなたが強く信じて疑わないことこそ疑ってみるといい**。たとえば「本当にお金は必要なのか？」「本当に生活のために我慢をしないといけないのか？」「本当に仕事ってこんなものなのか？」……。

人間の脳は人体の中で一番エネルギーを消費するので、普段はできるだけ考えない「省エネモード」で生きている。どれも答えはすぐには出ないかもしれないけれど、答えを出すことではなく考えること自体に意味があるから、ぜひ、たくさん考えてみてほしい。

注意したいのは、すべての価値観を壊そうと言っているわけではないこと。僕が言いたいのは**「なんとなく」選ぶのではなく、「自分の意思をもって」選択しよう**ということだ。

自問のコツ2 「本当はどうしたい？」と、わがままでいる

疑うことができたら、次は「自分だったらどうなのか？」「本当はどうしたいのか？」を考えてみよう。自分の価値観を上書きしていくのだ。

僕が子供の頃、不思議に思ったことがあった。それは「なぜ同じような境遇に生まれてくるのに、大人になったときにこんなにも差ができるのだろう？」ということだ。

お金持ちに生まれてお金持ちのままの人もいれば、逆に貧しくなる人もいる。貧しく生まれて貧しいままの人もいれば、お金持ちになっていく人もいる。同じ境遇で育ったはずの兄弟でも全然違う。僕と妹は、兄妹とは思えないほどに性格も毎日の暮らし方も違う。なぜ、こんな違いが生まれるのだろう？　と。

僕は「選択」の違いではないかと思っている。みんな毎日の中で、たくさんの「選択」をしている。「どの道を選択するのか」「やるのか／やらないのかの選択」の違いが行動の違いを生み、結果の違いを生み出すのだ。

「今のあなた」は「これまでのあなた」が選択してきたものでつくられている。そして「これからのあなた」は「今のあなた」の選択でつくられていく。これまでの延長線上を生きることもできるが、もし納得できないことがあるなら新しい道を選ぶこともできる。未来は自由で、可能性は無限大だ。

僕は今、本を書いているが、学生時代はバリバリの理系で、それほど本を読むほうではなかった。もし、あのままに生きていたのなら、今頃はエンジニアになっていたのではないかと思う。しかし、僕はある人との出会いで「僕も本を書きたい！」と強く思った。そこで本を読み漁《あさ》り、毎日ブログを書くようになった。自分の選択を変えることで未来をもつくり変えたのだ。

その何かを選択するときに、とても大切なコツがある。それは「あなたの選択」はつねに「怖れの選択」と「愛の選択」の2つがあり、このどちらを選ぶかで未来は大きく変わるということだ。

「怖れの選択」は「○○しなくてはいけない」とか「○○するべきだ」という気持ちから物事を選択することだ。たとえば、「仕事をしなくてはいけないからする」や「社会人としてこうあるべきだからする」などだ。

「愛の選択」とは、「○○したい」という気持ちから物事を選択することだ。たとえば「仕事が好きだからやる」「自分が心地よいからやる」というもの。

同じ行動をしても、「しなくてはいけないから」するのと、「したいから」するのでは取り組む気持ちも得られる幸せも、そして成果すら大きく違ってくる。「怖れの選択」は他人の価値観なので、もしうまくいかなかったときには「あの人に言われたからやったのに……」と他人のせいにしてしまいがちだ。それでは失敗から学ぶチャンスを放棄しているので、いつまでも成長することができない。

近年、たくさんの情報が毎日入ってきて、それらに惑わされがちだ。しかし、本当に必要なものはごくごくわずかしかない。「〇〇したい」という「愛の選択」をすれば、情報に惑わされずに、自分の軸を持って生きていくことができる。ぜひ、「本当はどうしたい？」と、自分に問いかけよう。

自問のコツ3 「他には？」と選択肢を広げておく

あなたがレストランに入り、メニューが1つしかなければ、好きか嫌いかにかかわらず、それを選ぶしかない。しかしメニューがたくさんあれば、今の気持ちに合わせて好きなものを自由に選ぶことができる。

「これしかないから」と選ぶのと「これがいい」と選ぶのでは、最終的に同じものを選んだとしても自分の中の納得度が大きく異なる。選択肢が多ければ、自分の好みや状況などに応じて好きに選べるので納得できるし、人生はより豊かになる。しかし、選択肢が少ないと納得できないものを選ばざるをえないので、不平不満や愚痴のもとになる。

人生のメニューを増やすために、僕は「毎日、新しいことをする」ことを意識している。「今まで、通ったことのない道を選ぶ」「コンビニで新しいものを選ぶ」「本屋さんで、あまり普段は読まないジャンルの売り場に行く」「利《き》き手でないほうの手で歯磨きをしてみる」「普段、あまり接しないタイプの人と飲みに行ってみる」などだ。

こんなことからでも「こんな考えや発想もあるんだな」と、自分の価値観を広げることができる。今まで「A」という選択肢しかなかった状態が、他にも「B」「C」「D」と価値観があることに気づき、その「どれもがいいよね！」と受け入れることができるようになる。「Aしかない」という狭い状態ではなく、「A、B、C、Dのどれでもいいのだけど、今は○にしよう」と選べることが「豊か」ということなのだろう。ぜひ、たくさんの経験をして、自分の中の選択肢を増やしてほしい。

しかし、この話をすると、「メニューがたくさんあると逆に選べない。1つのほうがラクでいい」という人もいる。でも、選べない理由はメニューが多いからではなく、自分の気持ちや好みが迷子になっているからだ。僕自身もかつては決められないタイプだった。しかし、自分に質問をするようになってからは、一切、迷わなくなった。

あなたも、自分が思うものを自由に選択できるように、自分の気持ちに素直になれる練習をしよう。それにはまず、本書で紹介する質問にぜひ答えてみてほしい。

あなたにとって自分以上に大切な人はいないし、自分を最高に幸せにする義務がある。そのためにもまずは少しずつでもいいので、「他には？」と自分に質問をして選択肢を広げ、自分の気持ちに素直になって選択することからはじめてみてほしい。

自問のコツ4　「なぜ？」と探求し続ける

もし、あなたが成長したいと思っているのであれば、とっておきの方法がある。それは、「なぜ？」と疑問を持つことだ。僕も、これまでの人生でたくさんの「なぜ？」という疑問を持ってきた。

「なぜ、幸せな人と、そうでない人がいるんだろう？」

「なぜ、お金持ちで不幸な人と、貧しいのに幸せな人がいるんだろう？」

「なぜ、ツラい思いをしないとお金がもらえないのだろう？」

「なぜ、みんなと同じでないといけないのだろう？」

「なぜ、これが好き（嫌い）なんだろう？」

そして、「何が、その違いを生み出すのだろう？」と。


このように「なぜ？」を見つけ、その答えを自分で考えたり、本を読んだり、人に話を聞いたりすることで、自分を成長させることができた。

「なぜ？」の答えを考えるということは、違和感やモヤモヤに対する、自分自身の答えを見つけ出すことだ。それによって自分を取り巻く事実を受け入れることができるようになるし、その探求心が次の世界へのトビラを開いていくことにもなる。

もし、あなたが「納得できないことがある」とか「何かを変えたい」と感じていて、あなたがより自分の軸を持って生きていきたいと願っているのであれば、自分の中にある「なぜ？」を書き出してみることから始めてみよう。ノートを１冊用意して、毎日1つずつ「なぜ」という疑問をつくり、自分なりの答えを見つけていくのだ。その時間をつくることで、いろいろなことに、自分なりの決着をつけることができて、清々《すがすが》しく生きていける。

その自分なりの答えを見つけていく上で、意識しておいてほしいことは、「なぜ?」の答えには「事実」と「主観」の2つがあるということだ。「事実」とは、誰が聞いても間違いなくそうだというもの。「主観」とは、その人がそう思っているということ。

たとえば「現在地の気温は〇〇度である」「日本の人口は〇〇人である」などのように答えが1つしかないものは事実。「今日は暖かい」「人生で大切なことは……」などはすべて主観だ。ちなみにこの本に書かれていることも著者である僕がそう思っているという主観だ。主観は人それぞれだから、どれも正解だし、どれも間違っているとも言える。

あなたの考えも、もちろん主観だ。事実ではないので、「これでいいかな?」と正解を気にする必要はない。「自分だったら……」と自分なりの答えをじっくり考えてみよう。それがあなたの考える力や想像力を養っていく。

自問のコツ5 「私は？」と主語を自分にする

悩んでいるときには「あの人が……」「会社が……」「社会が……」「国が……」と他人のせいにしてしまいがちだ。そのほうが気持ちはラクかもしれないけれど、実際には何も解決しない。それどころかその誰かに対するいらだちは増《ま》していくだけだ。

あなたが、自分でコントロールできるものは、本当に少ない。たとえば、サッカーの試合で考えてみよう。あなたは選手としてピッチに立っている。ここで自分でコントロールできないものと、できるものを考えてみてほしい。

相手選手の動き、味方の動き、監督の采配《さいはい》、ボールの動き、天気、グラウンドの状態、観客の応援、試合の結果という未来、昨日もっと練習しておけばよかったという過去……。

これらはすべて、影響を与えることはできるが、思いどおりにコントロールすることはできない。一方で、自分で直接コントロールできる（思いどおりにできる）ものもある。それは「今」「ここ」「自分」の3つだけだ。

たとえば「会社の人とうまくいかない」というときにも、「相手が悪い」「もっとこうしてほしい」と願いがちだが、相手をコントロールすることはできないのだからうまくはいかない。

コントロールできないものに期待して心を痛めるのではなく、「相手が」ではなく、「自分が」と主語を変えて考えよう。問題をよりよくするために、あなたにできることは、あなた自身の関わり方を変えることしかないのだ。

しかし、それでも相手に責任があり、自分には関係がないと思うこともあるだろう。それでもあなたは、「私が」と考えたほうがいい。なぜなら、どんなことにも、あなたにも100％の責任があるからだ。

たとえば、ある会社に「営業部」と「開発部」があるとしよう。営業部の役割は「売る」ことで、開発部の役割は「商品をつくること」だ。開発部は営業部に対して「もっと売ってほしい！」と思うだろう。ときには「なんで売ってくれないの？」と責めるような気持ちになることもあるかもしれない。

しかし、もし営業部が全員、風邪で休んでしまい、1カ月ほど営業ができなくなったとしたら、どうだろう？　誰かが売らないと、会社は倒産してしまう。となれば、開発部の人も「売る」ことを考え始めるだろう。役割上、営業部が売ることを仕事にしているだけで、開発部にも「売る」責任があるし、営業部にも「いい商品を開発する」ことに対して100%の責任がある。同じように、あなたの会社や家庭など、あなたの周りで起こるすべてのことには、あなたにも100%の責任がある。

これは責任を背負って生きてほしいという話ではない。「自分には関係ない」ではなく、どんなことに対しても自分にも責任があると感じて生きていくと関わり方が変わり、未来の拓《ひら》け方も違ってくるということだ。

僕は長年、コンサルタントとして経営者の知り合いが多くいるが、うまくいかない経営者は、いつも「社員が……」「お客様が……」「景気が……」と、誰かの話をしている。逆に、うまくいく経営者は、いつも「私はこうしようと思う」と自分の話をしている。

うまくいかない人は他人のせいにしがちだ。しかし、現実は何も変わらない。逆に**「自分にもできることがあるかも？」ととらえることができれば、自分で未来を切り拓いてつくっていける。会社や社会のためではなく、あなた自身**

のために、ぜひ「自分が」と考えてみよう。

ゆるくはじめてみよう

以上、5つの「自問のコツ」をお伝えしてきた。どれも僕自身が大切にしてきたことなので、ぜひあなたにも大切にしてほしいと思っている。とは言っても、僕自身が完璧にできているわけではない。考えることが面倒だと思うときもあるし、誰かのせいにしたくなるときも正直ある。しかし、**完璧にやることではなく、意識することが大切だと思っている。できるかどうかよりも、やろうとしているかに価値があるのだ。**

また、この手の本を読むと「今日からやるぞ！」と意気込むこともあると思うけれど、人は変化を嫌う性質があるので、大きく生活を変えようとすると長続きしない。大きな一歩を踏み出そうとするとバランスを崩《くず》してしまう。だから、「できたらやってみる」というくらいの軽い気持ちのほうがいい。「やろうと思ったのにできなかった……」と自信をなくすくらいなら、確実な小さな一歩を重ねることのほうが意味がある。

まずは1つでいいので、意識してみることからはじめよう。その1つが自分のものになったら、またこの本を読み返して、次の1つを意識してみてほしい。今日から小さく積み重ねていくことが、明日のあなたの幸せをつくっていく。

2章まとめ

- ✔悩みは解決するだけが答えではない
- ✔自分の心の声をじっくり聞く
- ✔「愛の選択」をする
- ✔主語は「相手」ではなく「自分」
- ✔選択肢を広げる
- ✔意識をする。そして小さく積み重ねる

第3章

その悩み、こう考えてみたら？

ここからは、あなたの悩みがスッキリするように、よくある悩みを大きく10のテーマに分けて、詳《くわ》しく考えていこう。

質問を変えれば、人生も変わる

僕は高校3年のときに進路に悩んでいた。進路と言ってもクラス全員が進学するような学校だったので、自然と「どの大学に行く？」という話になる。分厚い辞書のような大学案内と成績表を並べ、先生との面談では小さくプライドを打ち砕《くだ》かれながら「なんとなく無難な選択」をしていった。

そして、大学に入ったものの、まったく楽しくなかった。ある日、通学電車から見える景色を眺《なが》めながら、「あと4年間も勉強して、その先に何が待っているんだろう？」と考えたときのことを今もはっきり覚えている。周りの友達や先生、親の言うままに生きていた僕が、そのときはじめて「僕はどう生きたいのだろう？」と自分に問いかけ、自分の気持ちに目を向けた瞬間だった。

とはいえ、自分の人生を決めるにはあまりにも選択肢が少なすぎたので、多くの人の話を聞きに行ったり、本や映画を貪《むさぼ》るように読んだり見たりした。そして自分で出した答えは、「いい人生だったと言いきって死ねる人生がいい。不満や愚痴ではなくて、楽しさと創造と希望であふれた毎日がいい」だった。そして僕は大学を辞めて、自分の足で生きていくことを選択した（誤解しないでほしいのだが、僕は学生やサラリーマンを否定しているわけではない。「どちらがいいか」ではなく、「自分に合うか合わないか」という話だ）。

このように、進路に悩んだときに「どの大学に行くか？」と自問するのと、「どんな生き方をしたいのか？」と自問するのとでは、得られる答えが大きく違う。

質問が変われば得られる答えも変わり、人生も大きく変わる。

ここからはよくある「みんなの悩み」に対する考え方のヒントと自分の答えを引き出す質問をお伝えしていきたいのだが、中には考えれば考えるほど悩んでしまい、どつぼにはまる人もいる。そこで本題に入る前に「迷わない人になるコツ」を紹介したい。

もう迷わないために

「人生をよりよくしたい」と悩むときに、多くの人がはまる落とし穴がある。それは「何を選べばいいのか」という疑問だ。たくさん考えるといろいろな答えが生まれるだろう。さらに誰かに相談したり、常識や世間体のようなものを考えたりすると、また別の答えも生まれてくる。

たくさん考えたことで選択肢が増えるのはいいことなのだが、「どういう基準で選ぶのか」を決めておかないと、「で、結局、どうすればいいの？」と、またそこで迷うことになる。そして迷った挙句、それまでと変わらない選択をして何の変化も起こらない……ということにもなりかねない。

そこで、あなたが「何を大切にするのか」という「選択の基準」を見つけていくための質問を2つするので、読み飛ばすのではなく、ノートなどを用意して、自分の答えを書き出してほしい。

迷わない自分になる質問1

いつもの毎日を最高の毎日にする

今のあなたの毎日は、どんな時間で埋め尽くされているだろう？　もしかすると、やらないといけないこと、愚痴や僻《ひが》み、嫉妬、不平不満、諦め、失望……。そんな「マイナス」のものでいっぱいになっていないだろうか。もちろん、僕にもそんなときもあるし、マイナス自体は悪いものではない。ただし、「あなた自身がそれを望んでいるのか？」は考えたほうがいい。

もし自分で望んでいるのであれば、何も言うことはない。そのまま大切にしてほしい。しかし、自分で望まずにそうなっていて、イヤなものをなんとか受け入れようとしている……という状態であれば、少し考え直したほうがいい。

今のあなたがこれまでの選択でできているように、これからのあなたも今の選択でつくられていく。今からでも、あなたが何を大切にするのかを変えていくことはできる。しかも誰かに邪魔されることも誰の許可もいらない。あなたが決めればいいだけだ。

質問　人生がどんな時間で満ちあふれていたら最高ですか？

一度、深呼吸をして、この質問の答えを想像してみてほしい。理想的な1日、1週間、1カ月、1年を考えてみるのもいいだろう。つい、「できるかできないか」とか、「自分の身の丈《たけ》に合っているか」と考えてしまいがちだけど、それだと昨日と変わらない明日になってしまう。遠慮はいらないので、まずはすべての枠を取り払って、自分にとって最高な答えを書き出してみよう。

迷わない自分になる質問2 後悔のない人生にする

末期がんなどで余命が幾《いく》ばくもない人にインタビューをすると、「もっと自分の気持ちに素直に生きればよかった」「やりたかったことにチャレンジすればよかった」と後悔するそうだ。それを聞いたときに、僕は、後悔しながら死にたくない、どんな思いで死を迎えたいだろう……と想像してみた。あなたも考えてみてほしい。

質問　人生が終わるときに、どんな人生だったと思いたいですか？

先日、ある実験をしてみた。それは、「何の目的も持たずに旅をすることができるか」という実験だ。これが結構おもしろい結果になった。

まず、必要な物もわからないから、荷物をパッキングすることすらできない。とりあえず「よく使いそうなもの」を持って家を出てみたのだが、結局、家を出て右に行くか、左に行くかすら決められないのだ。しかし、「おいしいものを食べる」「新しい体験をする」「地元の人と触れ合う」などテーマがはっきりしていれば、迷うことはない。

人生もまったく同じだ。「何を目指すのか？」「何を求めているのか？」が明確だと迷うことも少なくなる。人生は、案外短い。あれこれと迷っている間に終わってしまう。今日の一歩が明日の一歩につながるのだから、あれこれ迷う前に、一歩を踏み出したいものだ。

だから、ぜひ、この質問に答えて、あなたの人生全体をイメージしてみてほしい。ここで大切なことは、「決めたとおりの人生を歩んでいこう」ということではなく、「大切なものを意識しておくと人生の質が上がっていく」ということだ。

自分で自分を幸せに

この2つの「迷わない自分になる質問」の答えをじっくりと眺めてほしい。そこに書かれている答えは、あなたが本当に心から望んでいるものだろうか？　常識や世間体など他人の価値観に流されていないだろうか？　なんでも自由に選択できるとしても、その答えで納得できるだろうか？　そんなことをじっくりと考えてほしい。

そのとき、もしかすると、「やっぱり私にはダメだ……」と諦める気持ちになるかもしれない。でも、それすら自由だ。あなたの幸せなのだから、自分が心地よい選択をすればいい。**ただし大切なことは、なんとなく選ぶのではなく、「今は、これがいい」と自分の意思をもって選択をすること。**

そして、ここからはあなたの具体的な悩みを一緒に考えていこうと思う。そのときに、自分の考えに迷うようであれば、この2つの質問の答えを思い出して、「この2つの答えに近づけるのはどちらだろう？」と自問してみよう。答えは自然と見つかるはずだ。

あなたの悩み

1

頭では
わかっているけれど、
行動できない

「迷ってしまう」「やる気にならない」「続かない」「決められない」「一歩が踏み出せない」などのように、「頭ではわかっているけど、なかなかできない……」ということはないだろうか？

実は、悩みの多くは自分と上手に関わるだけで解決されていく。逆に、自分とうまく関われないと、「思いどおりにできない」と悩みを増やすことになる。まずはしっかりと自分との関わり方を模索しよう。

01 決断

いつも迷ってばかりで自分で決められない

人生には、「何を選ぶか」「やるか、やらないか」と決断を迫られることがある。正しい判断をするためにたくさんの情報を集めたり、人に相談したりするが、大切なことは、「みんながどう思うか」ではなく、「自分がどう思うか」だ。自分で決めないと後悔の種になる。

自分の気持ちを考えた上でも「迷っている」ということであれば、その迷いは、「どちらでもいい」ということだ。

そもそもなぜ迷うかというと、「失敗したな、あっちを選んでおけばよかった……」と後悔をしたくないからだ。「後悔したくないから、正解を知りたい」という気持ちはよくわかるけれど、実はあなたが迷っていることの「正しい答え」は、誰にもわからない。なぜなら、それは未来のことだからだ。

僕が大学を中退したとき、多くの人に相談し、それぞれの考えを教えてもらった。

しかし、僕の人生において「やめる」「やめない」のどちらが正しいかは、誰にもわからない。なぜなら、「やめたらどうなるか」「やめないとどうなるか」という未来を検証する方法がないからだ。

「正しい選択」は誰にもわからないのだから、自分がワクワクするほうを選んで、選んだものが「正しかった」となるように生きていくしかない。僕は大学を中退するという「ワクワクする選択」をし、それがいい選択だったと自分で思えるように生きてきた。それでいいし、それしかできないのだ。

何が正しいかは、「何を選ぶか」ではなく「どう生きるか」で決まっていく。自分がワクワクするほうを選んで、その選択が正解となるように生きていこう。

メモ
正解は誰にもわからない。ワクワクするほうを選んで、後悔のないように生きていくだけ。

質問
ワクワクするのは、どの選択ですか？

02

やる気

やらなくてはいけないのに、先延ばししてしまう

先延ばしする原因は、それがやりたいことではないだからだ。無理やり、気合いや根性で乗り切ることもできるけれど、それは自分の本音をごまかすことなので、僕はあまりオススメしない。心が迷子になってしまう。

問題は先延ばしすればするほど大きくなって、面倒くささが増してくるもの。どうせやるなら面倒くささが小さいうちに片付けておきたいと、本物の怠《なま》け者である僕は思っている。そこで僕は、先延ばしにしないために、「やらなくてはいけない」を「やりたい」に変えるようにしている。それはちょっとした工夫だ。

僕は旅がとても好きなのだが、飛行機が嫌いだった。でも、あるとき飛行機の窓からの美しい景色を眺《なが》めながら、そこで暮らしている人たちを想像することが楽しいと気づいてからは、飛行機は「乗りたい」に変わった。他にも、イケメン料理研

究家にはまったことで料理が好きになった人や、時間内にやり終えたら、ケーキを食べてもいいと、嫌いな仕事をゲーム化することで楽しめている人もいる。

あなたも、同じように「どうすれば楽しめるか？」と考えてみるといい。それは、「やり方を変える」「新しい価値を見つける」「自分にご褒美《ほうび》をあげる」「使命感を見つける」「その先をイメージする」などいろいろな方法があるだろう。

この「やる気スイッチ」を、早めに自分の中につくるだけで、毎日を「やりたいこと」でいっぱいにすることができる。

しかし、「それでもやりたくない」こともある。その場合は、やらないほうがいい。やらないで済む方法を考えるか、誰か得意な人にお願いしよう。あなたが嫌いなことを「好きだ！」という人もいる。世の中って、本当によくできていると思う。

メモ 気合いや根性でやる気を出すのではなく、「楽しい」を見つければ、自然とやる気になる。

質問 あなたの「やる気スイッチ」は何ですか？

03

迷い

いつも、人の意見に流されてしまう

僕は、ずっと周りの意見に流されてきた。子供の頃は「勉強しなくては……」と思っていたし、大人になってからも「ちゃんと稼《かせ》がないと……」「立派な大人でいないと……」と信じていたし、自分の意見が周りと違ったら、「自分の考えがおかしいんだ」と思い、周りに合わせる努力をしてきた。

でも、それを続けているとラクではあるけど、「僕がいなくてもいいのではないか？」と自分の存在価値が感じられなくなり、自分のことが嫌いになっていった。

僕は、自分の幸せを他人に任せていたのだ。それは、口を開けて餌《えさ》を待っているヒナ鳥と同じで、いつ、どれだけ、何をもらえるかもわからずに、餌をくれる人の顔色をうかがいながら、ただただ待っていただけ。それはラクではあるけど、本当の幸せを得ることはできない。幸せは自分の手でつかみにいかないといけない。

人生の主人公はあなただ。あなたの人生をよりよくしていくことは、あな

たにしかできない。「どう思われるだろう？」「何が正解なんだろう？」と他人を気にするのではなく、「本当は、どうしたいんだろう？」と自分に問いかけ、何を感じ、何を考えるかという「自分の声」を聞く経験を積み上げていこう。

しかし、自分の声は信じにくいという気持ちもあるだろう。そこで僕は、小さな練習から始めた。たとえば、飲食店を選ぶときにも口コミサイトに頼るのではなく、自分の感覚に頼ってお店を決めた。はじめは失敗することも多いのだけど、続けていると「自分の感覚」とおいしいかどうかという「結果」が一致するようになってくる。そうすると、他人の声よりも、自分の感覚が信じられるようになってくる。

これは、いつも我《が》を通しましょうという話ではなく、自分の気持ちをちゃんと感じておこうという話だ。

メモ みんなの「いいね」と、あなたの「いいね」は違って当然。

質問 本当はどうしたいですか？

04 一歩

自信がなくて一歩を踏み出せない

自信とは、文字どおりに受け止めれば、「自分を信じる」こと。それはどこから生まれてくるのだろう？

まずは、たくさんの経験をしてみることだと思う。やったことや、できることが増えれば、自然と自信もついてくる。また、たくさん失敗をするのもいい。失敗の数が多いほど、成功の確率は高くなり自信につながるからだ。

しかし、やったことがないことでも自信を持つことはできる。「できるかどうか」ではなく、「できると思うかどうか」だからだ。人はイメージできないことは難しいと感じて、自信をなくしがちだ。見知らぬ国に行くのは不安があるが、その国に自分がいることがイメージできれば、自信が生まれてくる。このイメージする力を高めるには、小説や映画がオススメだ。

そして、実は自信がなくても、一歩を踏み出すことはできる。僕の友達が「やりたいことがあるんだけど、自信がない……」と言うので、「アフリカを一人旅する自信はある？」と聞いたところ、彼女は「自信がない」と答えた。そこで「もし、好きな芸能人と2人でアフリカ旅行できるとしたらどうする？」って聞いたら、彼女は食い気味に「そりゃ行くよ‼」と。「自信は？」と聞くと、「いやいや、そんなこと言ってられないよ」と笑っていた。

もし、あなたが「自信がない」と言い訳しながら、できない理由や、やらなくていい理由を探しているのであれば、まだまだ自分の中のワクワクが満たされていないということだろう。ワクワクを取り戻すことを考えたほうがいい。

一歩を踏み出せないときには、「どうすれば自信つくかな？」と考えるのではなく、「どうして、それをやりかったのか？」と考えてみよう。

メモ 自信が心配になったら、ワクワクを補充する。

質問 なぜ、それをやりたいのですか？

05

継続

あんなにやる気だったのに、三日坊主で終わる

「毎朝運動したい」とか「タバコやお酒をやめたい」と決意しても、続かないもの。「あんなに強く決意したのに……」と自分がイヤになることもあるし、そもそもその決意すら忘れてしまうこともある。

まずは、3日でダメだったら、思い出したときから4日目をまた始めればいい。「毎日、できなかった……」と嘆《なげ》くよりは、「昨日はできなかったけど、また今日からやってみよう！」と思うほうが健全だ。一気に変えるのは難しくても、徐々《じょじょ》になら変えていけるかもしれない。

次に、「まず余白をつくる」こと。つい、「始める」ことばかりに目が行きがちだけど、それでなくても忙しい毎日に、さらに何かを付け加えようとすることに無理がある。まずは何かをやめて時間と心と体に余白をつくるといい。余白ができると、

自然と次の新しいことが始まっていく。

たとえば、「運動をしたい」のであれば、新しくジムに入会するのではなく、「駅までの通勤をジョギングする」のように今ある時間と組み合わせるのもいいだろう。また、継続できる仕組みをつくるのもオススメだ。僕はサプリを飲むことを忘れてしまうから、サプリを洗面台に置くことにした。歯磨きのついでに飲めるので、忘れなくなった。

最後は「自分の当たり前を変える」だ。たとえば、本を読んだりして「今日から、大きな夢を持って生きよう！」と決意することがあるだろう。でも、次の日には、会社や学校で「現実を見たほうがいいよ」と言われて、「やっぱりね……」と元に戻ることになる。しかし、次々と夢を叶えていくような人たちと友達になれば、夢を叶えることが当たり前だと思えるようになり、現実も変わっていくだろう。

これは、**その人の「当たり前」がどこにあるのかということだ。「夢なんて叶わない」という世界で生きるのか、「夢は叶う」という世界で生きるのか、どちらが自分にとって、自然なのかということだ。その自然なほうに引っ張られて、人は生きていくことになる。**

何か違うことをしようとするときには、まずは自分の中で「それがふさわしい」というイメージをしっかりとつくり上げるといい。変わった自分があなたにとって自然であると思えるようになったら、現実も自然と変わるはずだ。

メモ 違う自分ではなく、「当たり前」の自分になっていく。

質問 どんな自分になりたいですか？

あなたの悩み 2

人間関係がうまくいかない

「みんなに合わせられない」「苦手な人がいる」「誰もわかってくれない」など、職場、家庭、友達……、人間関係が毎日に与える影響はとても大きい。

ここでは、よくある人間関係の悩みに対する考え方を見直していこう。ぜひ思い込みを外して、自由な気持ちで発想してみてほしい。

06

同調

みんなと一緒でないといけないのがツラい

よくも悪くも、日本では「みんなと同じ」を求められることが多い。いろいろな考えや感性があっていいはずなのに、「違う」とは言えない雰囲気になりがちだ。

もし、あなたが「みんなと一緒がいい」と思うのであれば、それでいい。あなたの幸せなのだから、とやかく言うつもりはないし、協調性は日本の素晴らしい文化でもある。逆に、もし、みんなと違う選択をしたいと思うときには、その気持ちも大切にしたほうがいい。心配することは何もない。

本音を出すことで、周りからどう見られるかが心配になるかもしれない。確かに本音を出すと、離れていく人もいるかもしれないが、本音で関われないような人と、これからも仲よくしたいだろうか？

今の時代、世界中の誰とでもつながれるから、ひとりぼっちになることはない。今のコミュニティが合わなければ、自分の個性を受け止めてくれる別のコミュニテ

ィに行けばいいだけだ。

もしかすると、周りの人に「変わっている」と思われるかもしれないが、それの何が問題なのだろう。「変わっている」は、言い変えれば、「自分を持っている」や「芯《しん》がある」ということ。僕は、子供の頃からみんなと違っていた。昔は「変わっている」といじめられていたけれど、今は「芯があって個性的だ」と褒《ほ》めてもらえる。「変わっている」と「芯がある」の違いは、自分で納得しているかどうかではないだろうか。自分の「みんなとは違う」部分を受け入れることができれば、堂々とした佇《たたず》まいになり「芯がある」になっていくのだろう。

もし、**周りに合わせるのがツラいときは「みんなにどう思われるかな？」ではなくて、「自分は何が心地いいかな」と自問するといい。**

メモ 「みんな」は安心だけど、どんどん愛されるはずの「あなた」が失われていく。

質問 どんなときに心地いいと感じますか？

07

嫌い

嫌いな人や苦手な人と、どう関わればいいかわからない

嫌いな人や苦手な人は、僕にもいる。好きな人も嫌いな人もいることは自然なことなので、「みんなを愛せない私はダメなんだ」と悩む必要はない。

それにあなたにとっては、嫌いな人や苦手な人も大切な存在だ。嫌いな人や苦手な人との関わりの中で「そんな考えもあるのか」「それを大切に思っているのか」と、自分が知らないことに気づけたり、自分が見えていないところが見えたりする。「価値観や発想の広がりや深さ」という意味では、嫌いな人や苦手な人がもたらしてくれるものは大きい。

特に仕事では、合わない人がいることは、とても大切なことだ。もし、あなたのチームが全員同じような価値観だったら、楽しくて居心地はいいだろう。でも、それだと逆にすごく弱いチームにもなりかねない。チームが全員「チョキ」だったと

して、「グー」が攻《せ》めてきたら一気に全滅してしまう。チョキもグーもパーもいるからこそチームは強くなり、それを認めることが多様性でもある。「違うから」「嫌いだから……」と排除するのではなく、違うからこそ大切な人なのだと認識しよう。

人間関係において大切なことは、「0」か「100」で考えないことだ。「100」で関わるのがつらいのであれば、「50」くらいで心が苦しくない距離で関わればいい。

嫌いな人や苦手な人がいるときは、「なんで、この人はこうなんだろう……」と考えるのではなく、「この人から得られることはないかな？」と自問してみるといい。

メモ イヤな人だからこそ、大切な人。

質問 嫌いな人や苦手な人が教えてくれることは何ですか？

08 共感 誰も私の気持ちをわかってくれない

本当はツラいのに誰も気づいてくれなかったり、自分だけがみんなと違うことを思っていたり、みんなに気を使いすぎて本音で話せなかったりして、一人ぼっちだと感じることがあるだろう。でも、そもそもなぜ、あなたは「わかってほしい」と思うのだろう?

もしかすると、周りから共感されたり、受け入れてもらったりすることで、安心や幸福感を覚えているのかもしれないけれど、それは危ない。なぜなら、それをしていると「自分の本音」ではなく「他人の顔色」を大切にしてしまうからだ。

僕は、周りからどう思われようが、自分がいいと思うなら、それでいいと思っている。安心や幸福感を他人に満たしてもらうのではなく、自給自足できるようになるほうがいいと思う。

少しつらく厳しいことを言うようだけど、人は生まれてから死ぬまで基本的に一人なのだ。誰もわかってくれる人がいなくて普通なのだ。そんな「一人で生きていくこと」を当たり前にしておくと自分らしく生きていけるし、力になってくれる人や理解してくれる人が出てくると、深く感謝することができる。

また、僕の経験上、「わかってもらえない」と感じるときは、こちらも相手のことをわかろうとしていないときが多い。「ほしい、ほしい」と自分の気持ちを満たしてもらうことに一生懸命になって、相手のことを考えていない状態だ。そうなると、相手もわかってもらえないと感じるので、お互いの気持ちは満たされないままになる。恋人同士のケンカもほとんどこの状態だろう。

しかし、ここで自分のことよりも相手を理解しようとする気持ちになって話を聞くなど心を開くと、関係は一気に好転していく。わかってくれないと思うときには「なんでわかってくれないの？」ではなく、「どうすれば、相手をわかることができるかな？」と自問してみるといい。

メモ 「ほしい」と思うときには、まず与えてみる。

質問 相手を知るために何ができますか？

09 イライラ

いつもイライラさせられる

なぜイライラするのだろう？　実はイライラの原因は、あなた自身にある。たとえば、「既読スルーしてはいけない」「挨拶するべきだ」「お礼はちゃんとするべきだ」のように、あなたが「こうすべき」と思っていることを相手にも期待しがちだ。そして、それが裏切られると、イライラしてしまう。

あなたが大切にしたいことは、あなた自身が大切にすればいいだけで、他人にそれを強要しなくていい。他人も自分が大切だと思うものを大切に生きているのだから。

もし、あなたが、僕はちゃんとしているのに、周りがしないのは許せないと思っているのであれば、それは、あなたが納得できていないのだ。**あなたが「〇〇するべきだ」とあなたが思っていることを１つひとつ「本当はどうしたいんだろう？」「本当は何を大切に生きたいのだろう」と見直そう。**そして、「〇〇するべきだ」ではなく「〇〇したいからする」となれば、他人に変な期待もせず、気持ちよく生きていける。**イライラは、その違和感に気づく大切なチャンスなのだ。**

そもそも、この狭い世界の中で、他人に迷惑をかけずに生きていくことができるだろうか？　僕は難しいと思う。正直、生きているだけで、誰かに迷惑をかけているだろう。だから、「迷惑をかけないように……」と気を張って生きていくよりも「どうせ迷惑はかけるのだから、他人の迷惑も受け取ろう」と支え合って生きていくほうが自然だと思う。

イライラするときには、「なんで？」と他人を責めるのではなく、「僕にもあんなときがあるかも……」や「私にできることは何かな？」と自問しよう。そうすれば気持ちもラクになるし、人間関係もよりよくなっていく。

メモ　イライラは、あなたの中にある「あなた」ではないものが覗《のぞ》いてる。

質問　本当は何を大切に生きていきたいのですか？

10

愛

みんなから愛されたいのに、愛してくれない

僕も「みんなから愛されたい。だから、できるだけ嫌われないように……」と、人の顔色をうかがってばかりいた。しかし、そうすることで2つの問題が生まれた。

1つめは、とても疲れてしまったということ。自分よりも他人を優先すると、その場ではいいけれど、家に帰って一人になると急に疲れが出てきて、「何をしていたんだろう……」と虚《むな》しい気持ちになる。そして、「こっちはこんなに気にしているのに、どうして大切にしてくれないの？」と相手に見返りを求めるようになってしまうのだ。これでは人間関係がうまくいかなくて当然だ。

2つめの問題は、結局、誰にも愛されないということだ。たとえば、誰にも嫌われないような飲み物を用意すると「水」になる。しかし、普通の水に「数万円を出します！」という人はいないだろう。では、水ではなくて、ワインだったらどうだ

ろう？　嫌いだという人ももちろんいるだろう。しかし、深く愛してくれる人もいるだろう。

このように、**みんなに嫌われないように個性を薄めていくと、誰にも嫌われないけれど、誰にも愛されないということになりかねない。**少し乱暴な言い方だが、愛されるということは嫌われるということでもある。

そこで、僕は「嫌われたくない」をやめることにした。すると、いなくなる人もたくさんいたのだけど、僕を深く「好きだよ」と言ってくれる人も現れた。そうして僕の人間関係は、広く浅いものから狭いけれども深いものになっていった。そして、おもしろいことに、深い関係になると大切な友達を紹介してくれるなど、どんどん人とのつながりが広がっていき、今では深く広いご縁が生まれつつある。

また、僕の周りにいる「みんなから愛されている人」は、みんな人を愛することが上手だ。恋人も家族も友達ともとても大切に関っている。愛してくれるから愛するのではなく、まず、こちらから愛するから愛されるのだ。

愛されたいときには「どうすれば嫌われないかな？」「なぜ愛されないのかな？」ではなく、「どうやって愛を伝えようか？」と自問してみてほしい。相

手が喜ぶことをするのもいいし、言葉や手紙で気持ちを伝えるのもいいだろう。
恋人だけでなく、家族や友達、同僚、お客さま……、すべての関わりの中で
あなたができることがある。

メモ　愛されないと嘆く前に、愛することを始める。

質問　どうやって愛を伝えますか？

あなたの悩み

3

他人が気になってしかたない

「他人がうらやましい」「周りの目が気になる」「仲間はずれにされたくなくて、本音が言えない」「みんなに憧れてしまう」……。

他人を気にしても、本当の幸せはつかめないとわかっていても、つい気になるもの。

ここでは、そのような「なんとなくあなたを縛っているもの」から自由になっていこう!

11 評価

周りからどう思われるのかを気にしてしまう

たとえば、あなたがすごく変な格好をして外を歩いたとしよう。あなたは「みんなにどう思われるかな……」と心配するかもしれないけれど、周りの人はあなたを見て「そんな人なんだな」と思うだけだ。何の問題もない。そもそもあなたが、あなたの周りにいる人をそれほど気にしていないように、周りもあなたをそんなに気にしてないのだ。

しかし、この「周りからの目を気にすること」の本当の問題は、「どう思われるか」ではなくて、「どう思われるかを気にすることで、自分をごまかすこと」だ。本音が「A」だったとしても、周りを気にして「B」を選択することがあるだろう。好きな服（A）を着るのではなく、流行りの服（B）を選んでしまうというように。そうすると、「本当の私はA」でも、周りはあなたを「B」だと認識する。

もし周りが、「B」のあなたが好きとなると、あなたはそれに応《こた》えようと自分をごまかさなくてはいけなくなる。「本当はAなのに……」という虚無感を抱き、「いつかバレないかな……」と余計な気を使うことにもなる。本当はあなたが「A」なら付き合いたいけど「B」だから……と離れていく人もいるかもしれない。

あなたが本音で生きてもそうでなくとも、好きになってくれる人も離れていく人も同じくらいいる。それであれば自分をごまかして生きるよりも本当の姿を好きだと言ってくれる人と関わるほうがいいのではないだろうか。

他人の目が気になるときには「どう思われるかな」ではなくて、「どんな自分でありたいか？」と自問してみよう。

メモ ごまかした自分を愛されても、嬉しいかな？

質問 もし、誰の目も気にしなくていいとしたら、どんな自分でいたいですか？

12 仲間

仲間はずれにされるのがイヤで、自分の意見を言えない

あなたには、2つの道がある。1つは、今の人間関係の中で、みんなの顔色をうかがい、みんなに自分を合わせていく道。もう1つは、自分が心地よく本音でいられる関係を見つけていく（つくっていく）道だ。

学校や職場など限られた世界で生きていると、その人間関係がすべてだと思いがちだ。しかし、無理する必要はない。僕もかつては自分の意見を言えなくて、いつも周囲に合わせていたのだが、そうすると「主体性がない」と批判された。そこで、がんばって自分の意見を言うようにすると、今度は「自己主張が強い」と批判されてしまった。

どんな自分でいても、賛同してくれる人もいれば、批判する人も必ずいる。

それであれば、「自分がどうしたいのか」ということで選択をしていけばいい

し、そんなあなたを「素敵だ」と受け入れてくれる場に身を置くほうがいい。

はじめは難しくとも、自分の本音で話しても嫌われないということが感覚的に理解できれば、どんどん自分を出していけるようになる。自分をごまかさないと付き合えない仲間の中にいるか、それとも自分の本音で付き合える仲間の中に身を置くか。それは、あなたが決めること。

本音が話せないというときには「仲間はずれにされないかな？」ではなく、「自分が本音を話せるのは誰かな？」と自問してみよう。

メモ　周りに合わせて生きていくのではなく、自分に合った周りを選ぶ。

質問　本音を話せるのは誰ですか？

13 常識

常識に縛られてしまう

常識とは「そこにいる多く人がそう思っていること」だ。当然、そこにいる人や時代によっても変わってくる。だから、とても曖昧なものだし、いつも正しいとも限らない。

もちろん集団の中で社会生活をしていく限り、常識を知っておくことは重要だし、周囲に合わせなくてはいけない局面も多々あるだろう。しかし、「常識だから……」と自分の考えや行動の根拠にするのは、どうかと思う。**「みんなの答え」は「あなたの答え」ではないし、多数決がいつも正しいとは限らないからだ。**

もし3人の組織があって、そのうちの一人が天才でも、残り2人がバカだったら、全体の総意としてバカな選択をしてしまうのが多数決だ。それでは、変化も成長も起こらない。周りの意見に流されるのではなく、自分の頭で考えられるようになっていきたいものだ。

まずは、自分が常識だと思っていることに「本当にそうだろうか？」と問いかけて「〇〇べき」と思うものを1つずつなくしていこう。自分の中の常識を1つずつ検証して、自分が納得できるものを選んでいくのだ。**結果として、行きつく場所や考えは同じかもしれないけれど、なんとなく選んだのと、自分で選んだのとでは、その意味が大きく違う。**

オススメは、自分が常識だと思ってるものを壊している人に会ってみることだ。この「本当に？」を考えるいい機会になる。

常識が気になるときには「素直に受け入れる」のではなくて「本当にそうなんだろうか？」と自問してみよう。

メモ 常識は「みんな」の意見。いつも正しいわけではない。

質問 納得できない常識は何ですか？

14 嫉妬

友達に嫉妬してしまう

他人を見て、うらやましく思うことは誰にでもあるだろう。特に今はSNSがあるから大変だ。僕も「あんなに広い家だといいな」や「人気者っていいな」など、たくさん嫉妬していて、自分とのギャップを感じてヘコんでいる。

けれど、それは悪いことではない。「アメリカの大統領になれていいなー」ではなく、「ちょっとがんばれば届きそうなこと」にこそ強い嫉妬を感じるように、**嫉妬とは「本当は自分もそうしたい」という自分の身近な願望を教えてくれるものなのだ。**

僕は子供の頃から、お金持ちに対する嫌悪感があった。裕福な家庭で育ったわけではなかったので、お金持ちを否定することで、なんとか心のバランスを取っていたのだろう。でも、すごく正直な気持ちを言うと、お金持ちになりたいと思っている。そんな「本音」に気づけたのは、羨望《せんぼう》や嫉妬などの気持ちがあったからだ。

しかし、「いいなー」と思っても、誰かがそれを叶えてくれるはずもない。**こうして自分の本音に気づくことができたら、あとは2つしかない。叶えようとするか、諦めるかだ。**

その嫉妬に対して何の行動もしなければ、あなたは死ぬまで「いいなー」と言い続け、深い幸せは感じられないままだろう。しかし、**「叶うための行動」を取ることができれば、もし、叶わなかったとしても「できることはやったから」と諦めもつく。**この差は、本当に大きい。自分を信じてスッキリした気持ちで生きていくのか、「どうせ、だって、でも……」と生きていくのかが決まってくる。

嫉妬したときには、「いいなー、なんで自分はそうじゃないんだろう？」と嘆くのではなく、「どうすれば、自分もそうなれるかな？」とまずは自問してみよう。

メモ　嫉妬は、あなたの本音。

質問　どうすれば、あなたもそうなれますか？

15 憧れ

みんなキラキラして憧れちゃう、私なんて……

「嫉妬」と「憧れ」は似ているようで、ちょっと違う。嫉妬は「自分ももう少しで叶いそうなもの」に感じやすい。特に、自分が「同じような人だ」と思っている人に対して、「自分ではなく、なんであの人が……」と嫉妬心を抱きやすい。一方で、憧れは「ちょっと遠いもの」に感じやすい。単純に「その人みたいになりたい」という気持ちだ。

僕もたくさん憧れた。学生の頃はロックスターや革命家に憧れたし、大人になってからもビジネス書などを読んでは「ああいう人になりたい」と、着る服を変えてみたり、言葉づかいや口癖を変えてみたり、その人が提唱することを実践してみたりと、試行錯誤した。でも、そんな人にはなれず、そうなれない自分にまたヘコんでいった。

しかし、この「憧れる」とは、とても不自然なことだ。たとえば、あなたが「リンゴ」だとする。憧れるとは、オレンジを見て「オレンジ色っていいな」、ブドウを見て「房《ふさ》になってて、仲間がたくさんいるのっていいな」、スイカを見て「大きいのもいいな！」、パイナップルを見て「あんなに尖《とが》った髪型もカッコいいな！」って思うようなものだ。こうして自分にないものに憧れると、どんどん自分らしさを失っていく。リンゴは、もっとリンゴになったほうがいいように、あなたも、もっと「あなた」になっていくほうがいい。

人生の中には、変えられるものと、変えられないものがある。この「変えられないもの」を変えようとすると、終わりのない悩みのループに入っていく。変えられないものは積極的に諦めて受け入れるしかないのだ。それができると、短所は味わいになっていき、自分を好きになれるし、周りからも「素敵だね！」と言われるようになるだろう。

自分を生きるしかないということは、残念なことではない。あなたが誰かに憧れるようにあなたに憧れている人もいる。自分にないものを見て他人に憧れるのではなく、自分が持っているものにまずは目を向けてみよう。

周りに憧れてしまうときは「どうすれば、あんなふうになれるかな？」ではなく、「自分の魅力って何だろう？」と自問してみてほしい。どうしても見つからないときは、周りの友人に聞いてみるといい。あなたの魅力は必ずあるし、それは自分では気づきづらいものなのだ。

メモ　あなたには、あなたにしか咲かせられない花がある。

質問　あなたには、どんな魅力がありますか？

郵便はがき

141-8205

おそれいりますが
切手を
お貼りください。

東京都品川区上大崎3-1-1

株式会社CCCメディアハウス

書籍編集部 行

CCCメディアハウス　書籍愛読者会員登録のご案内
＜登録無料＞

本書のご感想も、切手不要の会員サイトから、お寄せ下さい！

ご購読ありがとうございます。よろしければ、小社書籍愛読者会員にご登録ください。メールマガジンをお届けするほか、会員限定プレゼントやイベント企画も予定しております。
会員ご登録と読者アンケートは、右のQRコードから！

小社サイトにてご感想をお寄せいただいた方の中から、
毎月抽選で2名の方に図書カードをプレゼントいたします。

■アンケート内容は、今後の刊行計画の資料として
利用させていただきますので、ご協力をお願いいたします。
■住所等の個人情報は、新刊・イベント等のご案内、
または読者調査をお願いする目的に限り利用いたします。

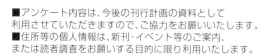

愛読者カード

■本書のタイトル

■本書についてのご意見、ご感想をお聞かせ下さい。

※ このカードに記入されたご意見・ご感想を、新聞・雑誌等の広告や
弊社HP上などで掲載してもよろしいですか。

はい（ 実名で可・匿名なら可 ）　・　いいえ

ご住所	□□□-□□□□　☎　ー　ー		
お名前	フリガナ	年齢	性別
			男・女
ご職業			

あなたの悩み

4

みんなと同じように、がんばれない

「成長しなさい」「苦手を克服しなさい」「我慢しなさい！」と言われて、みんなのようにがんばっているけど、もう疲れたという人も多いだろう。うまくできない自分を責めている人もいるかもしれない。しかし、それらは、本当に大切なのだろうか？

ここでは、そんな「あなたがやらなくてはいけない」と思っていることにメスを入れていこう。

16

成長

「成長しろ！」と言われるけど、ほんとにしなきゃダメ？

成長したくないなら、しなくていいと思う。特にそれが「成長しなくてはならない」と思うことであれば、やめておいたほうがいい。

やらなくてはならないと思っていることであれば、それほど成長できないだろうし、ただでも毎日忙しいのに、さらに何かを努力するなんて、ストレスでいっぱいになってしまう。しかし、無理しなくても何か楽しいことに夢中になっていたり、何かを乗り越えたりすれば、「気がつけば成長していた……」となるだろう。

そもそも**「成長する」は方法であって目的ではない**。「成長した先に何があるのか」「なぜ成長したいのか」を考えずに「成長しよう！」とするのは、行き先も目的もわからずに、とりあえず車を走らせるようなもの。それでは、行きたいところにはたどり着けないし、時間やエネルギーがもったいないだけ。まずは「何のために成長したいのか？」をしっかり考えたほうがいい。

たとえば、今の僕が「国連で演説をしたい！」と言っても、「何を言ってるんだ……」と相手にもされないだろう。しかし、自分を成長させ、周りを納得させられるだけの実力や実績を積んでいけば、「ぜひ！」となるだろう。**成長は他人のためではなく、自分がやりたいことができるためにしていくものだ。**

会社でも同じだ。労働条件や仕事内容など、会社に言いたいことはあるだろうが、まずは、ふさわしい自分にならなければ、その意見も通らない。**自分のやりたいことをやるためにも、自分らしく心地よく働く（生きる）ためにも、周りが「ふさわしいね！」と認めてくれるように成長していこう。**

「成長しろ！」と言われたときには「我慢して……」と思うのではなくて、「何のために成長をしたいのか？」と自問してみよう。

メモ　とことん夢中になっていれば、自然と成長する。

質問　何のために成長したいのですか？

17

変化

なんとなく、このままじゃダメな気がする……

僕は子供の頃から勉強も運動も苦手だったので、みんなと同じようになるために「いつもがんばっていないとダメだ」と思ってたし、大人になってからも、「このままじゃダメだ。もっともっと……」とがんばってきた。

「今のままではダメだ」と思うことが成長や意欲になるけれど、それは同時に今の自分を否定することでもある。「今に満足をすること」も覚えないと、いつも空虚感や不満を感じ、いつまでも幸せを感じられないだろう。

そこで僕は「今の僕もいい感じだな」と認めつつも、「もし可能ならこうなるといいいな」と思うことにした。足りないから欲《ほっ》するのではなく、よりよくするために欲するという考え方だ。

水が半分入っているグラスを見て、「半分しかない」と嘆くのではなく、「半分もある」ととらえつつ、「さらにもっと増えるといいな」と願うイメージだ。

それと同時に、「このままでは……」と不安に思っていることの正体も見極めていこう。

周りと比べて不安に感じているのであれば、それはあまり深刻ではない。あなたの人生なのだから、誰と比べるでもなく、自分で決めていけばいい。

しかし、自分の気持ちとしてザワザワするのであれば、それは言葉にならない大切な問題を感じているのかもしれない。それはしっかり受け止めて、どうすればいいのか対策を考えていこう。

「このままじゃ……」と思うときには、焦《あせ》るのではなく、「今、どんな幸せがあるかな？」と自問してみよう。

メモ 今、とても幸せ。明日はもっと幸せだといいな。そんな感覚で。

質問 今、どんな幸せがありますか？

18

苦手

苦手なことは克服しないとダメ？

「苦手なことは克服しなくては……」と思うかもしれないけれど、実は、苦手をなくすということは、同時に得意をなくすということでもある。なぜなら、苦手と得意は表裏一体だからだ。

僕には「すぐに行動する」という得意な面があるが、これは同時に「まず考える」のが苦手ということでもある。もし、僕が「まず考える」ことを身につけたら、「すぐに行動する」という得意なことを失うことになる。しかも、もし苦手を克服できたとしても、せいぜい人並み程度にしかならずに、それが得意な人には敵《かな》わないだろう。

それであれば、苦手なことは、はじめから得意な人に任せて、自分が得意なことに集中するほうがいい。そのほうがお互いに幸せだし、全体としてよりよいものになる。

それに他人にお願いすることで、コミュニケーションや深い感謝の気持ちも生まれる。僕が自分の得意なことを仕事にできているのは、自分が苦手なことを、それが得意な人にお願いしているからだ。こうして人は支え合って生きている。

ただし、**もしあなたが「まだ自分のことがよくわからない……」という段階であれば、得意か苦手かはやってみないとわからないので、とりあえずやってみるといいだろう。**また、今日は苦手なことでも、年齢を重ねたり、「好きだから……」と夢中になっているうちに得意になっていくこともあるから、自分の枠を決めすぎないほうがいい。

もし、「苦手なことをしなくては……」と思うときがあれば、「どうすれば克服できるかな」と考えるよりも「どうすれば、得意を伸ばせるだろう？」と自問しよう。

メモ **得意があるから役に立てる。苦手があるから感謝できる。**

質問 **どうすれば、得意を伸ばすことができますか？**

19 充足

リア充じゃないとダメなの?

もともとは「リアルが充実している」という意味のネットスラングだった「リア充」。簡単にいうと、「すべてが、まあまあいい感じにいってる」という意味だろう。たしかにSNSなどを見ていると、きらびやかな世界が広がっていて、「みんなのように素敵な毎日を過ごせていない自分はダメなのかな……」と思ってしまう気持ちもわかる。しかし、これには2つの問題がある。

まずは、「毎日は充実してなければいけないのか?」という問題。

以前、テレビを見ていたら、その業界でかなり成功された方が未来ある若者に向かって、「僕は、もう成功を手にしてしまった。これからの未来ももう決まっているようなものだ。しかし、君たちには努力をする楽しさがある。未来を自由につくることもできる。その立場に戻れるなら、今持っているお金をすべて差し出してもいい」と話していた。それは、まだ今が充実していないからこそ、やりがいや楽しさも生まれてくるということもあり、その過程を充実ととらえることもできる。

もう1つは、「何をもって充実というか」という問題だ。

もしかしたら、あなたは他人のSNSを見て、「自分の毎日は充実していない」と思っているかもしれない。しかし、他人とは違っていても「自分は充実している」とあなた自身が思えるのであれば、それでいいのではないだろうか。あなたの毎日を見てうらやましいと思う人も逆にいるかもしれない。もし、「充実している」と思えないのであれば、まずは、今の毎日の中に1つでも自分にとっての小さな幸せを見つけていくことをしてみよう。

「リア充にならなきゃ……」と感じるときには、「なんで、リア充になれないのかな……」ではなく、「今、どんな幸せがあるかな？」と自問しよう。

メモ あなたは、あなたのスタイルでリア充。しかも最先端。

質問 今、どんな幸せがありますか？

20 我慢 イヤなことでも我慢しなきゃダメなの？

僕は、基本的には我慢をしないほうがいいと思ってる。イヤなものはイヤだし、嫌いは嫌いでいい。だから、自分の心地よさや幸せを妨害《ぼうがい》してくるものとは、徹底的に戦いたいと思っているし、それが最低限の自分への愛だと思っている。

仕事も同じだ。我慢してやっている仕事がいい成果を出すとは思えない。あなたが我慢してやる仕事を楽しみながらやる人もいて、その人が出す成果にはとても敵うはずもない。だから、向いていない仕事はその人に任せて、あなたが楽しめる仕事に集中したほうがいい。それはあなたにとっても会社にとっても、お客さまにとっても、よいことだ。

しかし、ここで大切なことは、あなたが単に「我慢したくない」と主張しても、それは、ただの身勝手にしかならないことだ。もし、我慢したくないことがあるのであれば、それが言える環境や、言わせてもらえる自分自身の価値を育て、自分の言動に責任を持たなければ、そのわがままは通らない。

また、我慢をしたほうがいいときもある。もし、あなたが何かをつかもうとしているときや、成長したいと望んでいるとき、今の自分では太刀打ちできない現実が目の前にあるとき、その先にあるものが見えているとき（夢を見ているとき）は、「一時期の我慢」が必要なときもある。**我慢と引き換えでしか手にできないものもある。我慢して成長した先に幸せがあると思えるのであれば、その我慢も意味がある**と思うし、つらいものではなく、楽しいものになっていくだろう。

僕は一度、離婚をしている。8年ほど結婚生活を続けたが、あることに我慢ができなくなって離婚してしまった。要するに逃げたのだ。今でも離婚そのものには後悔していないのだけど、少し思うことがある。それは僕の両親だ。

親世代では離婚は今ほど当たり前ではなかったので、両親には離婚という選択肢はなかったのだろう。だから、すれ違いがあれば、丁寧にすり合わせて、2人の関係を築き上げていった。逃げなかったからこそ、たどり着ける関係性があることを教わった。そういう意味では、**ベストな人間関係も仕事も生き方も、見つけるものではなくて育てていくもの**なのかもしれない。

我慢できないときには、何が我慢できないのかをじっくりと見極め、できるだけ改善していくように行動しよう。そして「ツライな……」というときには、「なんで我慢しなくてはいけないの?」ではなく、「この先に、何が待っているかな?」と自問してみよう。

メモ 我慢して得られるもの。我慢してなくすもの。

質問 その我慢の先には、何が待っていますか?

あなたの悩み

5

将来が不安でしかたない

「やりたいことがない」「仕事もプライベートもうまくいかない」という気持ちから、将来が不安な人も多いだろう。

たしかに、今は混沌とした時代だ。安泰と思われていた大企業が倒産の危機を迎えるなど、変化を迫られている。

しかし、僕はそれほど悪い時代ではないと思う。人生や仕事も自分次第でなんとかできることが大きく広がり、自分なりの幸せをつくっていけるからだ。

将来を不安に感じるのも、可能性でいっぱいだと思うのも、あなた次第。ここでは、将来のことを一緒に考えていこう。

21

不安

将来が不安でしかたない

僕は、人生は振り子みたいなものだと思っている。「幸せや成功」と「不幸や失敗」を行き来している振り子だ。

振り子は必ず同じだけ振れる。そして、あちらに振れたことをエネルギーにして逆側に振れていく。だから人生に幸せや成功があれば、同じだけの不幸や失敗もあるし、逆もまた同じだ。そう考えると、半分はいいことで、半分が悪いことだとがっかりするかもしれないが、そうでもない。

僕は、いじめや離婚、借金など、たくさんの不幸や失敗をしてきたが、それもよかったと思っている。というのも、あのツライ経験があったからこそ、今の僕があるからだ。子供たちと話をして勇気を与えられることも、弱い者の立場に立って物事を考えられることも、この本が書けることも、もっと言うなら、今の僕が幸せだと感じていることのすべては、あのツライ経験がなかったら、手にできていないだろう。このように「不幸や失敗だっていいことなのだ」と思えれば、過去も未来も人生にはいいことしかなくなっていく。

どんな人でも、過去を変えることはできない。しかし、そのとらえ方を変えることはできる。起こった出来事を心の傷にするのか、それとも傷つきながらも未来への糧《かて》にするのかは、**あなたのとらえ方次第だ。人生には多少いろいろあるくらいのほうが、ドラマティックで楽しいし、それでこそ人として魅力的にもなっていく。**また、「安定」とは何も変わらないことではなくて、変わっていくことを受け止められることだろう。

だから、**将来が不安なときには「どうしよう……」ではなく、「どう楽しもうか？」と自問してみよう。あなたが、どんな気持ちでいても、明日はやってくる。どうせなら楽しく過ごしたいよね。**

メモ これからいろんなことが起こる。それがよいか悪いかは、あなた次第。

質問 これからの未来を、どう楽しみますか？

22 挫折

仕事もプライベートも思ったようにうまくいかない

人生は他人の気持ちや時間の流れ、生まれながらのものなど、自分ではコントロールできないもののほうが多い。だから、すべてが思いどおりにいかなくて当然だろう。

でも、人生のよいところは「やり直し」ができるところだ。本人が諦めない限り、何度でもチャンスは与えられる。それまでとは違う道を選ぶことにはなるけれど、やり直した道のほうが、より自分らしくて心地よい道だったりするから、人生って本当に素敵だなと思う。

だから、うまくいかないことを怖れることはない。メリゴーラウンドのように同じところをグルグルしているようで不安になるかもしれないが、実は横から見れば、螺旋《らせん》階段のように少しずつ登っているのだ。

中には失敗したくないという人もいるが、僕は、それは傲慢《ごうまん》だと思う。やったことがないことはうまくいかないのが当たり前で、はじめからうまくいくほうが奇跡的なのだ。また、「やったことないから……」とチャレンジを怖れる人もいるが、もし、「やったことがないことはやらない」なら、どうやって僕たちは赤ちゃんから成長してきたのだろうか。

失敗をすることは恥ずかしいことでもツライことでもない。逆に、すべてがうまくいくとしたら、人生は退屈だ。うまくいかないからチャレンジする楽しさが得られるし、可能性も広がり、より深い幸せも得られる。もし、そう思えないなら、あなたの毎日はワクワク感が足りないのだ。

うまくいかないときには「自分はダメだな……」ではなく、うまくいかないことを糧に、「次はどうしようかな？」と自問して、ゲームにチャレンジするような気持ちで、もっとワクワクすることを考えてみよう。

メモ うまくいかないから楽しい。やったことがないからやる。

質問 失敗を踏まえて、次は何をしますか？

23 頼る 何を頼ればいいのかわからない

「この会社（組織・学校）に入れば」「この資格を取れば」「この人に気に入られれば」と、安心感を求める気持ちもわからなくはない。でも、今の時代に「これで安泰」「ずっと幸せ」という安心して頼れるものはあるのだろうか？

会社に「しっかり頼らせてよ！」と期待する方法もあるかもしれない。たしかに会社には社員を守る責任があるかもしれないが、会社にも、どの社員を守るかという選択の自由があることを忘れてはいけない。それなら「会社は我々を守るべき！」と声高《こわだか》に叫《さけ》ぶ時間とエネルギーを「必要とされる人」になることに使ったほうがいいだろう。そもそも、この先ずっと頼れる会社や組織であるかもわからないし、誰かに頼るほどに不自由になるものだ。

僕は、今の時代にもっとも信頼できる投資先は「自分」だと思っている。どんな環境でも生きていける自分になることに、お金や時間を投資するほうが、

よほど安心だし、見返りも大きいのではないだろうか。

ここで言いたいのは、サラリーマンをやめて起業しようということではない。いつでもどこでも自分で生きていける覚悟と準備があれば、会社や組織に頼るかどうかも自分で決めることができるという意味だ。それこそが安定だし、自由だ。誰の顔色をうかがうこともなく、自分の足で立って、自由に歩いていける。

自分を信頼し、自分を頼れるようになっていこう。もし、頼れる人がいなくて不安なときは、「誰に頼ればいいんだろう……」ではなく、「どうすれば、**必要とされる人になれるだろう？」と自問してみよう。**

メモ 足を震わせながら歩いてきた道が、頼れる根拠になる。

質問 どうすれば、自分の足で歩いていけますか？

24 備え

将来の不安への備えでいっぱいで、今を楽しめない

自分の死ぬ日がわかっていれば、うまく配分しながらお金を使えるけれど、いつまで生きられるかわからないし、いくら稼《かせ》げるかもわからないから、万が一に備えてしまうものだ。

でも、蓄《たくわ》えることに一生懸命になりすぎて、二度とない大切な「今」をないがしろにするのはどうだろう？　たくさん蓄えたまま死んでいくことにならないだろうか？　また、将来の夢を叶えるために我慢して修業している人もいるけれど、これもどうだろう？　その夢はいつ叶うのだろうか。

これは、「将来のため」と「今の幸せ」が相反《あいはん》していることが問題だ。我慢しなくても楽しく貯金することも、修業することもできる。

僕が大学を中退してバイク屋さんで働き始めたときは、怖い上司に怒られて工具

を投げつけられることも日常茶飯事だったし、毎日洗車ばかりで冬は指のすべての節《ふし》があかぎれで出血していた。今思えば、「よくやってたな……」と思うけれど、当時はそれが楽しくてしかたなかった。毎日、大好きなバイクに触れることができるし、少しずつ自分でできることも増え、任せてもらえる仕事も増えていったからだ。将来のために、今を楽しむことができていたのだ。

お金や経験、そして環境も同じだ。「ない」ときには、ないことを楽しめばいい。それは、今しかできない楽しみだからだ。そして充分に持つことができるようになったら、今度は「ある」ことを楽しめばいい。「ない」にせよ、「ある」にせよ、隣の芝生を見ていたのでは、幸せを感じることはできない。

今が楽しめないと感じるときには、「我慢しなくちゃ……」ではなく、「どうすれば、今を楽しめるだろう？」と自問してみよう。今の状況だからこそ、楽しめることがあるはずだ。

メモ　人生は、「今」の積み重ね。

質問　今の状況だからこそ、楽しめることは何ですか？

25

夢

やりたいことがなくて、毎日に張り合いがない

やりたいことが見つからない原因は2つある。それは「世界が狭い」ことと、「枠《わく》が壊せない」ことだ。

「世界が狭い」は、自分の選択肢が少ないから、思うようなものが選べないということだ。それは新しい世界に足を踏み入れて、たくさんの人に会っていろいろな経験をすることで解決できる。

そのときに大切なことは、頼まれることや誘われることなど、何でもやってみることだ。やってみないとわからないことのほうが多いのだから、「やってみてもいいな」と思ったことは、とことんやろう。

また、「枠が壊せない」とは、「自分ができること」や「自分に向いていること」を先に考えてしまうことだ。

僕は、10年前に「デザイン会社社長」を辞めて、次の仕事を模索していた。もし、そのときに「自分ができること」の中で「やりたいこと」を考えていたら、そのままデザインの仕事をしていただろう。でも、「もし、何でもできるとしたら？」と考えたことで、「講演をして全国を旅したい。本を出版したい」という気持ちに気づけた。

当時の僕は人前では顔が真っ赤になって話せなかったし、ブログすら書いたことがなかった。経験も実績もゼロだ。それでも、その半年後には全国で講演会をして、5年後には本を出していた。

「できるか、できないか」は大切ではない。やってみないとわからないし、時間を重ねればできるようになることも多い。大切なことは「やりたいかどうか」だ。ぜひ、あなたも自分の枠を超えて、やりたいことを感じてみてほしい。自分の未来の可能性を開けるのは自分だけなのだから。

やりたいことが見つからないときには「できること」の中で考えるのではなく、「もし何でもできるとしたら、何をしたいのだろう？」と自問しよう。その答えがあなたを素敵な未来に連れていってくれる。

メモ　あなたは可能性でしかない。「これまで」を超えていこう。

質問　もし何でも叶うとしたら、何をしたいですか？

あなたの悩み

6

仕事がうまくいかない

「仕事をしたくない」「やる気にならない」「天職がわからない」「評価されない」「やりがいがない」など、仕事に関するたくさんの悩みは多いだろう。

人生の多くの時間を費やす仕事は、人生の豊かさに直結している。「仕事＝イヤ」が「仕事＝楽しい」になるだけでも、人生はかなり豊かになっていく。ここでは、そんな仕事の悩みを一緒に考えていこう。

26 仕事

できれば仕事をしたくない……

仕事をしたくない理由は、「やらなくてはいけないことだから」ではないだろうか。生きていくためには仕方ないと働いているかもしれないけれど、それではいつまでも幸せになれないし、お金も稼げないだろう。

僕は、好きなことを仕事にしたほうがいいと思っている。毎日楽しい時間を過ごせた上に、お金までもらえるなら、本当に幸せだ。

「好きなことを仕事にするなんて甘いこと言うな！」「本当に、好きなことをしてお金をもらえるの？」と言う人がいるのは承知だけど、僕は逆に好きなことを仕事にしないでやっていけるほどに今の時代は甘くないと思っている。

好きなことであれば自然とやる気になるし、夢中になっているだけで自然と成長することが可能だ。当然、結果も出るので、多くのお金を得ることもできる。その「好き」を仕事にする方法は2つある。

１つは、自分が好きだと思える仕事を選ぶことだ。つい給与や待遇、自分の適正などを重視して仕事を選びがちだが、大切なことは自分が楽しくできるかだ。自分が好きな仕事であれば、人間関係や労働条件など多少のことがあっても気にならないだろう。好きに選べるほど就職先がないと嘆く人もいるけれど、それは企業や時代のせいだけではなく、あなた自身の問題でもある。

もう１つは、今の仕事を好きになるということだ。はじめは好きではなくても、やっているうちにできることが増えたり、人に喜ばれたりすることで、好きになることはよくあることだ。僕も文章を書くのは好きではなかったが、周りから褒《ほ》められて、どんどん好きになっていった。

「仕事が楽しくない……」と愚痴っていても何も変わらない。その状況を変えられるのは、あなただけ。「なんで楽しくないんだろう……」ではなく、「どうすれば、仕事を楽しめるかな？」と自問してみてほしい。

メモ　**遊ぶように仕事をしよう。**

質問　**どうすれば、仕事は楽しくなりますか？**

27 情熱 本当にこの仕事でいいのだろうか？

本当に、この仕事でいいのか？　もっと向いている仕事や、もっと楽しめる仕事があるのでは……？　と思う気持ちはよくわかる。

僕は「働くとは生きることだ」と思っている。人生の大半《たいはん》は仕事をしているのだし、「何の仕事をしているのか」は、その人のアイデンティティを表し、「どう働くか？」は、「どう生きていきたいか？」ということでもある。

僕自身、自分がどんな仕事をするかで悩んでいたときに、「どう生きていきたいか？」と考えたことがある。その結果、「時間や場所にとらわれたくない」「旅が好きだから、全国各地に行きたい」「人が好きだから、多くの人生に関わりたい」「新しいものを創作していたい」という答えが出てきた。そして、これらを満たす仕事として、今の仕事にたどり着いた。どう生きたいかを考えれば、自然とこの仕事でいいのかという答えも見えてくるだろう。

そして、仕事は1つではないかもしれないし、変わるかもしれない。実際、僕はいくつもの仕事を掛《か》け持ちしているし、また明日には他にもやりたいことが生まれるかもしれないと思っている。だから、「この仕事でいいのか……」と1つの正解を当てにいくのではなく、今気になることは全部やってしまえばいいし、やってみてイヤならやめればいい。

ただし、自分がやりたいことをやりたいようにできる環境を同時につくっていくこともしなくてはいけない。それなしにはどんなに素晴らしい才能やスキルがあっても、それを発揮できる場所がないということになる。ぜひ、自分の手で、自分が心地よく働ける環境を手にしていってほしい。

「この仕事でいいのかな……」と迷うときには「他にいい仕事ないかな？」ではなく、「自分はどう生きていきたいのだろう？」「人生をどんな時間で埋め尽くしたいのだろう？」と自問してみるといい。

メモ そのときどきで、楽しいことを仕事にできる自分を育てる。

質問 あなたは、どう生きていきたいですか？

28

天職

私にはどんな仕事が向いている？

仕事について考えるとき、「花屋さんかな？　デザイナーがいいかな？」と「何をするか」をつい考えてしまう。でも、これだとなかなか思うような仕事には出合えない。なぜかと言うと、仕事は「なる」ものではなく、「やる」ものだからだ。

一言で「花屋」と言っても、花を育てる。お客さまの希望を聞き出す。それに合う花束をつくる。仕入れる。お金の管理をする。人を育てる……など、いろいろな仕事がある。自分が「何をやりたいのか」を知っておかないと、憧れの仕事についたのに、思っていたのと違うとなりかねない。

僕は、天職とは「夢中になれる」「才能があり、得意である」「人に喜んでもらえる」の3つを満たすものだと思っている。夢中になれないと続けられないし、楽しくない。才能があり、得意でないと、人の役に立てない。つまり、人に喜んでもらえないとお金はもらえないということだ。

「アイデアを出す」ことが僕の天職だと思っている。それをデザインで活《い》かせばデザイナーになるし、企業の業務改善に活かせばコンサルタントになる。最近、ＡＩの進化でなくなる仕事があると言われているが、もし、デザイナーやコンサルタントという職業がなくなっても、僕は「アイデアを出す」ということを活かせる他の仕事をするだろう。

天職とは探して見つかるものではない。ましてや適性診断など他人の評価で見つかるものでもない。**天職は、何かに夢中になっていたり、他人との関わりの中で自然と磨かれていくものだ。その夢中になれることで誰かを喜ばせると自然に見えてくる。**

「天職って何だろう？」と悩んだら、「何になりたいんだろう？」ではなく「何がしたいのだろう？」と自問してみよう。

メモ 仕事は「なる」ものではなく、「する」ものだ。

質問 夢中になれて、得意なことは何ですか？

29 評価

誰にでもできる仕事しかさせてもらえなくて、やりがいがない

あなたは「誰にでもできる仕事しかさせてもらえない」と不満を抱いているのかもしれないけど、それは上司や会社にしてみると「誰にでもできる仕事しかさせられない」ということかもしれない。

僕はバイク屋さんに入社してしばらくは、毎日洗車ばかりしていた。早く工具を使ってバイクの修理をしたかったのだが、上司に不満を言っても、バイクに関する知識も技術もない僕に、お客さまの大切なバイクを触らせるのはリスキーだ。人はできそうもない人には頼まない。逆に言うと、頼まれるということは、できそうだから頼まれるのだ。

「やりたい」だけで何でもやらせてもらえるなら、僕も東京ドームを満席にしてロックを歌いたい。でも、それができないのは、周りが僕をふさわしいとは思ってい

ないからだ。それは実力で理解してもらうしかない。だから、**「やりがいのある仕事をさせてもらえない」と愚痴や文句を言うのではなく、その仕事を任せてもいいと思われるようにまずは自分を磨くことだと思う。**

また、もう1つ大事なことは、**「やりがい」は他人から与えられるものではなく、自分の中でつくるものということだ。**どんな退屈な仕事でも、自分で課題を見つけて、それを乗り越えることができれば、その過程の中で才能や特技、個性が磨かれていき、次は「あなたでなければならない」という仕事を任せられるだろう。まだまだ成長の余地があるはずだ。

「やりがいがない……」というときには「もっといい仕事をさせてほしい」ではなく、「目の前の仕事をもっとよくできないかな？」と自問してみよう。その積み重ねが、未来をつくっていく。

メモ 「認めてほしい！」なんてことは言わずに、姿勢や結果で示そう。

質問 どうすれば、目の前の仕事をよりよくできますか？

30 収入 もっと給料をもらってもいいはず……

世の中で、一番お金を稼いでいる人って、どんな人だろうか？

僕は、世の中で一番稼いでいる人は、「世の中で一番『ありがとう』と言われた人」だと思う。たとえば、目の前にいる人に「1000円ちょうだい」と言っても、あげる理由がないから、普通はもらえないだろう。でも、1000円以上の価値を提供すれば「ありがとう」と言われ、そのお礼として1000円をもらえる可能性は高くなる。お金は、「ありがとう」の結果として手に入るものだ。

逆に、自分からお金を求めるとお金は入ってこないものだ。僕はかつて生活が苦しくて、いつもお金のことばかり考えているときがあった。しかし、自分のお金を稼ぐために仕事をしていれば、当然、お客さまは満足することなく、売上は次第に減っていった。

あるとき、大切な友人に「君といると、いつも『仕事をくれ』と言われてしんどい」と言われたことがある。その指摘をされてはじめて、自分がお金だけを求めていたことに気づいたのだ。それからは、「お客さまを喜ばせること」をまずは意識することにしたところ、無理なく、驚くほどの売上げに変わっていった。

あなたも、もっとお金がほしいと思うときには、「どうすればお金をもらえるかな」ではなく、「どうすれば、もっと（会社やお客さまを）喜ばせられるかな？」と自問してみよう。会社やお客さまから喜んでもらえればもらえるほどに、受け取るお金も大きくなるはずだ。その際、テーマ28で見つかった「夢中になれて、得意なこと」で喜ばせられるといい。

メモ　「ありがとう」を集めよう。お金はその後についてくる。

質問　どうやって、目の前の人を喜ばせますか？

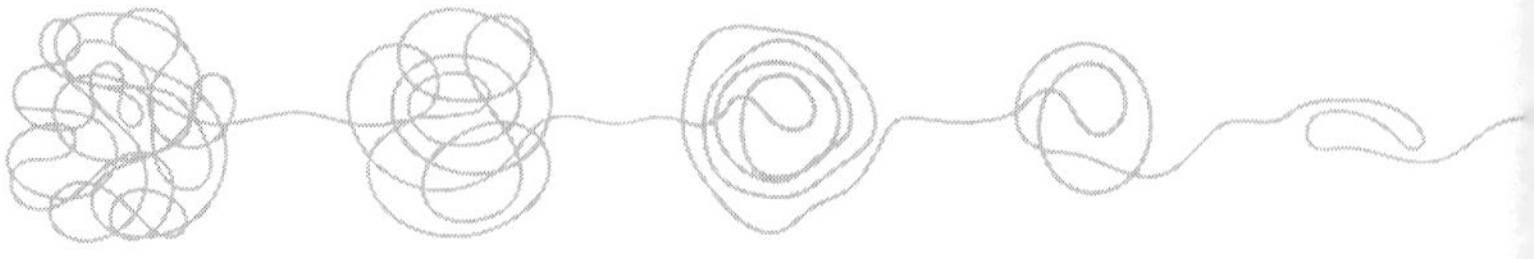

あなたの悩み

7

プライベートが充実していない

「会社と家の往復だけ」「夢中になれるものがない」「パートナーと出会えない」「一人がさみしい」など、プライベートの時間は人生だけでなく、仕事にも影響している。

「仕事」と「プライベート」を分けて考える人もいるが、その境界は曖昧だ。プライベートで映画を見ているときに仕事のヒントを見つけることもあるし、仕事中に家族の写真を見ることで、やる気が出ることもある。ここでは、そんなプライベートの悩みを一緒に考えていこう。

31

繰り返し

毎日、会社と家の往復で楽しくない

「会社と家の往復だけ」に悩んでいるということは、きっと毎日、忙しいか、楽しいことを見つけきれていないのだろう。でも、いくら時間がなくても自分を楽しませることはできる。

たとえば、通勤時間中に本や映画を楽しむこともできるし、いつもと違う道を通って会社に行けば、気分転換や散歩にもなる。また、コンビニで新しいものを買ってみるのもちょっとした楽しみになるだろう。人からのお誘いに乗ってみることで新しい経験ができるかもしれない。

もしかすると、「もっと大きな喜びがほしい！」とあなたは思っているかもしれないが、**小さな喜びが大きな喜びにつながっていくもの**だし、小さなことに喜べない人に大きな喜びがやってくるとも思えない。まずは、些細《ささい》なことを工夫して、毎日の中に小さな喜びを見つけていこう。

また、楽しみを他に求めなくても、「家と会社」自体を、楽しくすることもできる。そもそも、家と会社を往復する毎日をつまらなくしているのは、誰でもなく、あなた自身だ。もちろん、仕事や家事は「やらなくてはいけないこと」と割り切って我慢し、他に趣味などの楽しみを見つけることもできるだろう。しかし、それだとストレスをごまかしているだけなので、根本的な解決にはならない。いつまでも、家と会社は楽しくないままだ。

そうではなく、仕事や家事をちょっとしたゲームにしたり、単純作業の中に新しい発見を見つけようとしたり、楽しく工夫をしたほうがいい。今の環境の中でも、ちょっとした小さな工夫ができるはずだ。

「仕事と家の往復でつまらない」と思うときには、「何かちょっと幸せなことないかな？」「どうやって自分を喜ばせようかな？」と自問して行動してみよう。小さな行動が次の行動につながっていく。

メモ 楽しくない毎日ではなく、楽しめない自分がいるだけ。

質問 今日、どうやって自分を喜ばせますか？

32 遊び どうやって遊べばいいのかわからない

「趣味がない」「夢中になれることがない」「好きなものがわからない」と悩む人は、多い。なぜかと言うと、これらは自分で考えないといけないことだからだ。

たとえば、会社や学校の中でどう振る舞えばいいかなど「社会の常識」は、上司や先生、そして親が教えてくれる。本でも学べることだ。でも、趣味や好きなことなどは個人的なことなので、誰も正解を教えてはくれない。他人の意見ではなく、自分で感じるしかないのだ。

しかし、悲観しなくても大丈夫。今、こうして自分の気持ちに素直に生きられていないことに気づけたのだから、今日から少しずつ変えていけばいい。**これまでの人生で培《つちか》ってきた「当たり前」を変えるには、時間も少しかかるだろうし、怖いかもしれないけれど、自分でつくってきたことはつくり直すこともできる。**

自分に素直に生きるために、オススメしたいことがある。それは、ノートを取ることだ。枕元にノートを置いておき、「今日、嬉しかったこと」「うまくいったこと」「楽しかったこと」などを書き出していくだけだ。同時に「イヤだったこと」「ツラかったこと」なども書き出してみるといい。

誰にも見せないのだから、内容も体裁も気にせずに自由に好きに書いてほしい。そしてときどき、そのノートを見返して、そのときに感じる気持ちもまた書き留めておこう。

こうして自分の気持ちを感じる時間をつくっていくことで、自分の気持ちに気づいていくことができる。自分の気持ちがわからないときは「誰か教えて……」ではなく、「今、何を感じているかな？」と自問してみよう。

メモ みんなにとっての「よい子」はもうやめよう。

質問 今、何を感じていますか？

33

夢中

何か虚しさを感じてしまい、夢中になれない

「これが何になるのか?」「これをやることにどんな意味があるのか?」と虚《むな》しさを感じて、やる気を失っていくことがある。その原因は「対価がない」ことだろう。対価とは、その先にある未来や給料や、やりがいや楽しさみたいなものだ。

まずは、**「これで、何を得られたら嬉しいかな?」と自問して、どんな対価を望んでいるのかを考えよう。**

勉強嫌いだった知り合いの子どもは、「恐竜博士になる!」という「何のために」を見つけたことで勉強熱心になって、私立中学校に行くまでになった。

また、「どうすれば楽しめるか?」と考えてみるのもいい。僕は、「おいしいものを食べる」「新しい体験をする」「旅に出る」などに夢中になっているが、これらには何の意味も目的もない。ただ、楽しいからやっているだけだ。

僕は、こういう時間が人生や仕事を豊かにしていると思っている。単純に楽しいし、これらの時間から、また何か新しい発想やご縁などが生まれてくる。

もし、得られる対価が望まないものだったり、必要なだけ得られないなど、やる気が出ないのなら、自分が心から「ほしいな！」「ワクワクするな！」と望んでいるものが、どうすれば手にできるかも考えていこう。

虚しさを感じて夢中になれないときには、**「つまらないな……」とぼやくのではなく、「どうすれば、いい時間にできるだろう？」と考えよう。**それは、**あなたにしかできないことだ。**

メモ 意味や目的がないことも人生を豊かにしている。

質問 どうすれば、いい時間にできますか？

34

孤独

充実した毎日なのに、一人になると寂しくなる

家族や恋人や友達など、そのときどきに愛し合ったり、分かち合ったりする人はいるかもしれないが、「自分」はいつも一人だ。だから、「一人でいること」が普通で、心が通じる人といられることこそがむしろ「奇跡」ともいえる。だからこそ「寂《さび》しい」という感情は当たり前だし、寂しいと思うからこそ大切な人を求め、関わってくれる人に感謝の気持ちも生まれる。

ときには、親や上司、会社、友人などに、文句や愚痴を言いたくなるときもあるだろう。しかし、その愚痴を言わせてくれるほど、深い関係を築かせてくれていることにむしろ感謝をしたほうがいい。周りの人が、大きな愛で受け止めてくれるから、好き勝手に文句も言えるのだ。そして、ときには、こちらが逆に受け止める側にもなるといいかもしれない。

また、一見充実しているように見えても、もしあなたが背伸びをしてがんばりすぎていたり、みんなに合わせて流行に乗っていたりすると、一人になった瞬間に「寂しい」という感情が起こるだろう。それは「素の自分」ではないからだ。**いつもと変わらない自然な自分でいられると、誰かに何かを求めなくてもいいし、余計な寂しさを感じない。**

まずは、どんなあなたも「いいね！」と受け止めてくれる人をつくろう。そのような人は、人生の宝物だ。そのためには、まずはあなたが周りの人を、どんなときにでも変わりなく受け止めることからはじめるといい。

それでも「一人が寂しい」と感じるときは「どうやって寂しさを埋《う》めようか」ではなく、「変わらない自分でいられているかな？」と自問してみよう。

メモ **一人で生まれて、一人で死んでいく。一人が基本。**

質問 **どうすれば、変わらない自分でいられますか？**

35

パートナー

「この人だ！」と思える人と出会えない

「出会いがない」と感じるときはフィルターをかけている場合が多い。「夢中になれるほど好きな人」「自分のことを好きだと言ってくれる人」「自分の条件に合う人」のように、自分でフィルターを用意して、それに適《かな》う人との出会いを探しているのだ。これでは、ベストだと思える人とはなかなか出会えないだろう。その理由は2つある。

1つは、確率の問題だ。今のあなたのフィルターにぴったり合う人と出会えて、その相手の人も、あなたが最高な人だと思える確率は、とても低い。これは砂浜で1粒の砂を探すようなものだろう。

2つめは、あなたの持っているフィルターが、そもそも正しくない可能性がある。たとえば「見た目がいい人」を探していたが、たまたま出会った「見た目はそうでもない人」になぜか惹《ひ》かれるということはよくある。自分を好きになってくれた人とひとまず付き合ってみたら、どんどん好きになっていくという話も珍しくない。要するに人間関係は、はじめてみないとわからないし、時間をかけて築き上げていくものだからだ。

僕は、ベストなパートナーは「出会う」ものではなくて、「育《はぐく》む」ものだと思ってる。別の人格を持った人間同士が別の環境で育ってきたのだから、価値観が違って当然。それを時間をかけてお互いに理解し合って2人の答えをつくり出していくのだ。

だから、出会いがないと思うときには、あなたが「○○な人と出会いたい」と思っているフィルターをずらしたり、変えたり、なくしたりするといい。そうすると、これまで気づけなかった出会いに気づくことができるだろう。毎日会っていて今まで気にもかけていない人が、あなたの運命の人かもしれないのだ。

まずは一度、関わってみることだと思う。関わってみてイヤだとわかれば、そこでやめればいい。これは何も自分を安売りしようというのではなく、可能性を広げるということ。

「いい人と出会いたい」と思うときには「どこかにいい人いないかな」ではなく、「この人と、どんな関係が築けるかな？」と自問してみよう。ベストな相手は意外なところにいることが多いものだ。

メモ 見つけるでも、出会うでもなく、育むもの。

質問 目の前にいる人と、どんな関係を築けますか？

あなたの悩み

8

自分のことがよくわからない……

「自分が好きになれない」「自分らしさがわからない」「どうせ、私なんて……」「自分を大事にできない」など、自分の悩みについて一緒に考えてみよう。

あなたを幸せにできるのは、あなただけ。幸せの形も量も中身も人それぞれ。しかし、自分を幸せにすることからだけは逃げてはいけない。

ここでは自分を自分で幸せにしていく第一歩として、「自分を知ること」からはじめよう。

36 自分 見た目も性格も、自分を好きになれない

あなたはあなたであることが自然なので、変わる必要はない。**自然とは、すべての調和が取れた完璧な状態ということだ。だから何か別のものになろうとすることは不自然かもしれない。**

かつて海外を旅していたときに、同じ宿《やど》になった白人男性と仲よくなった。彼はハリウッド映画に出てくる俳優みたいにカッコよく、「彼みたいに生まれたら、人生が違っていただろうな……。自分に自信を持って何にでもチャレンジしていただろうな……」と、僕は憧れたり、嫉妬したりもした。

ところが一緒にごはんを食べているとき、彼が「君がうらやましい」と僕に言いはじめたのだ。「子供の頃に見た日本のサムライ映画に強烈に憧れていて、日本が大好きなんだ。僕は日本に生まれたかった。僕は君になりたい！」と、真顔で言ったのだ。僕たちはお互いに憧れ合っていて、2人ともないものねだりをしていたのだ。

自分にないものには強く憧れるものだけど、残念ながら今回の人生は、この見た目と心で生きていくしかない。どうせ変えられないのなら積極的に受け入れていくほうがいい。**まずは自分の中にあるものに目を向けてみよう。そこにあるものが「ダメだな……」と思っているのはあなただけで、誰かにとっては実は憧れということは少なくない。**南国で咲くハイビスカスは雪国に行くと「変な花」と嫌われて、自分を好きになれないかもしれない。そもそも雪国では咲くことも難しいだろうが、南国にいれば、きれいな花を咲かすことができる。

あなたも、「あなたのままで素晴らしい！」と言ってくる人やそんな組織やコミュニティに身を置こう。それは「成長しなくていい」という意味ではなく、自分を認めてくれる場所や、自分が心地よくいられる場所に身を置こうということだ。**自分が好きになれないと思うときには「あの人はいいな」ではなく、「私はどこで咲けるかな」と自問してみよう。**

メモ あなたも、誰かの憧れ。

質問 あなたらしくいられるところはどこですか？

37 個性

「自分らしく……」と言われてもよくわからない

「自分探し」という言葉があるけれど、そもそも自分は探すものではない。僕も本当の自分と出合いたくて、1年半も海外を旅したけれど、まったく見つからなかった。また、「こんな人になりたい！」と目指すものでもない。他人に憧れても同じになれなくて、余計にヘコむことになる。

そもそもあなたは「自分らしさ」を知っておく必要もない。そんなことを気にしなくても幸せに生きていけるからだ。

たとえば、ライオンもキリンもみんな個性的で、自分らしく生きている。しかし、彼らは「自分らしさ」を探したり、何かに憧れて個性をつくろうとはしていない。ただただ自分の「心地よさ」に素直に生きているだけだ。それを見て「ライオンらしい」「キリンらしい」と周りが言っているだけ。

あなたも「誰かのために」とか「やらなくては」と行動するのではなく、「自分がやりたいからやる」という選択をしよう。そうやって生きている姿を周りの人が見て、「○○さんらしいね」と言われるようになるのだ。

また、「優しくなりたい」のように「こんな自分になりたい」と願うこともあるけれど、これはきっと叶わない。なぜなら、「優しくなりたい」と願うたびに「今の私は優しくない」と自分に言い聞かせているようなものだからだ。本当に優しくなりたいのであれば、今、この瞬間に1つ優しいことをすればいい。それが優しい人だし、それを続けていれば、意識しなくてもできるようになっていく。

自分らしさがわからないときは「どこで見つかるかな」とか「どうなりたいかな」ではなく、「何が心地いいかな」と自問してみよう。その積み重ねが、「自分らしさ」を生み出していく。

メモ　心地よく生きていけばいい。それがやがて個性になる。

質問　どうすれば、毎日はもっと心地よくなりますか？

38

遠慮

「ウザい……」と思われたくなくて、遠慮してしまう

僕も嫌われたくなくて、何か話したいことや、やりたいことがあっても、「まあ、いいか……」と遠慮《えんりょ》してしまうことが多かった。しかし、「何を考えているかわからない」とか、「いてもいなくても同じ」と言われるようになってしまった。それ以来、あまり遠慮しないようにしている。

太陽は寒い日にはそのありがたさが身に沁《し》みてわかるけど、夏の暑い日には本当に勘弁《かんべん》してほしいと思う。でも、太陽が人に遠慮することはないし、真夏にだって太陽を必要としている人もいるのだから、太陽はいつでも自分が好きなように輝いていればいい。それがイヤな人は日陰《ひかげ》に入っていればいいだけだ。

あなたも同じだ。あなたが自分の素《す》の姿を出すことで喜んでくれる人もいるし、同時に「今はいいや」と思う人もいる。それを受け取るかどうかは相手が決めるこ

となので、あなたは、あなたがいいと思うことを素直に出せばいいのだ。変に遠慮することで、逆に誤解されたり、損してしまうことがもったいない。

僕自身、「すごく仲よくしたいな……」と思う人がいたけれど、「迷惑かも……」と遠慮していたことがあった。1年くらい経って、たまたま仕事でつながりができたときに、「実はもっと早く仲よくなりたかったけど、迷惑かと思って遠慮していたんです」と話したら、「えー！　そうなの？　僕は君が誘ってくれないから嫌われているのかもしれないと思っていたよ」と話してくれた。遠慮することで大切なつながりを築けないのはもったいないことだ。

「遠慮したほうがいいかな……？」と思うときは「嫌われないかな……」ではなく、「本当はどうしたいかな？」と自問してみよう。こちらが心を開かなければ、相手が心を開いてくれるはずもない。それではなんだか味気ないし、人生がつまらなくなってしまう。

メモ　太陽は遠慮していない。

質問　本当は、その人とどう関わりたいですか？

39

自愛

自分を大切にするということが、よくわからない

あなたにとって、もっとも大切な人は「あなた」だ。あなた自身が幸せでなければ、周りを幸せにすることもできない。周りの人を大切にするためにも、まずは自分自身を大切にしてほしい。しかし、言うのは簡単だけど、実際に自分を大切にすることは難しい。というのも、周りよりも自分の気持ちを優先することに「本当にいいのかな?」「嫌われないかな?」と、躊躇《ちゅうちょ》してしまうからだ。

以前、僕は自信をつけて自分を好きになるために「小さな成功を重ねること」にチャレンジしたことがある。しかし、それを長年やってみた結果、疲れてしまった。がんばっている自分はいいけれど、がんばっていない自分はダメだと思うようになり、人に弱いところを見せまいと家族にさえ本音を話せず、つねに気を張ってカラ元気でいるようになってしまったのだ。

自分を大切にするためにやったにもかかわらず、結果として自分をないがしろにすることになってしまったのだ。

その後、僕はすべて受け止めてくれる人と出会い、自分の弱い面やダメな面も少しずつ出せるようになった。今では自分の中の「いい自分」「ダメな自分」という境界もなくなり、「全部、自分」と思えるようになってきた。

もちろん「できる自分」をつくっていくのもいいけれど、同時に「ダメな自分、弱い自分もいい」ということも心に留めてほしい。それと「愛の選択」（97ページ）も心がけるといい。それが自分を大切にするということだ。

自分が大切にできないと思うときには「すごい自分になろう！」とするのではなく、「ダメな自分のよいところはどこだろう？」と自問してみよう。まず自分を大切にすることで、周りからも大切にしてもらえるようになるものだ。

メモ　あなただから、あなたが好き。

質問　あなたの「ダメ」のよいところはどこですか？

40 自信 「どうせ、私なんて……」と卑下してしまう

チャレンジすると失敗するかもしれない。失敗する自分にまたガッカリするかもしれない。周りから「身の程《ほど》知らずだ」とバカにされるかもしれない……。

あなたはそんな自分を「どうせ……」という言葉で守っているのかもしれない。

それは、それで大切なことだ。あなたの幸せは自分でしかつくれないように、あなたの心も自分で守らないといけないからだ。

中学時代、僕はクラスメートの前で恥《はじ》をかかされて以来、人前で歌うのが怖い。自分は音痴《おんち》だと思っているので、「またバカにされるかな？」とか「失敗するんだろうな」と、怖くて人前では歌いたくない。「カラオケに行こう！」と誘われても「どうせ……」と、避《さ》けてきた。

僕は「どうせ……」という言葉で自分を守ってきたのだ。それ自体は悪いことで

はない。しかし、気をつけたいことがある。それは**「どうせ……」で、自分の可能性を奪《うば》ってしまう危険性があることだ。**

僕は「やったことがないこと」は、一度やってみることにしてる。まだやったことがないことに対して「どうせ……」では何もはじまらない。もしかすると、できるかもしれないし、楽しいかもしれない。できるかどうかはやってみないとわからないのに、やる前から「どうせ……」と諦めてしまうのは、未来の自分にも申し訳ないことだ。

でも、大きくやると失敗するかもしれないし、恥もかきたくないので、まずは一人でこっそりやってみることにしている。それでできそうだったら、絶対に僕を否定しない心を許している人の前でやってみる。そうやって少しずつ「いけるかも」という気持ちを育てている。

この「否定しない人」は、とても大切だ。あなたもそういう人を友人に持ったほうがいいし、あなた自身も誰かのそういう存在になってほしい。「どうせ……」と思うときには自分を責めるのではなくて、まずは「どうすればもっとワクワクするかな？」と自問して、それでもイヤならやめればいい。

はじめてのことなら「まず、何からやってみようか？」と自問して、小さくはじめてみよう。

メモ　人生には、守るときも、攻めるときも必要だ。

質問　まず、何からはじめてみますか？

あなたの悩み

9

うまくいかない
ときがある

「仕事もプライベートもうまくいかない」「やめられないことがある」「思うような成果が出なくて焦る」「これでいいのかと迷ってしまう」「どん底」というように、人生はいろいろある。一生懸命に努力をして壁を乗り越えたとしても、また次の壁がやってくる。

しかし、それは悪いことではなく、乗り越えるたびに、僕たちは幸せや豊かさに近づいていく。ここでは、壁を乗り越えることの楽しさを一緒に見つけていこう。

41

不調

仕事もプライベートもうまくいかない

僕も何をしてもうまくいかないというときがある。そういうときは「何か問題はないかな?」「何かイヤな思いをしている人はいないかな?」「何が足を引っ張っているのかな?」などのように、不自然さの原因を見つけることにしている。うまくいかないときには、「何かが自然ではないよ」と教えてくれているのだ。

そして、自分にできることをやりきったら、あとは、じっくり待とう。階段の踊り場のように、心と体を充分に休めるときなのだろう。階段を登るときにはつい、足元ばかりを見てしまうが、踊り場があると顔を上げることができる。ちょっと立ち止まって、周りや自分の状況を感じられる時間だ。

「うまくいかない」こと自体はそもそも悪いことではない。人は失敗から学び、悔《くや》しさをエネルギーにして進んでいけるときもあるし、やりきったのであれば、後悔もないだろう。この経験を元に、次に進めばいいだけだ。

すべてがうまくいったのなら成長もできないし、何よりも退屈で仕方ない。「Aボタンを押し続けるだけでクリアできるゲーム」を楽しめないように、「ちょっと難しいな」と思う壁があるからこそ、毎日、退屈せずに済むのだろう。

でも、本当に大変な壁だったらどうしよう？　と思うかもしれないが、そんな心配はいらない。神様は、いつもあなたの味方で、あなたの幸せを願ってくれている。楽しみや喜びを与えてくれるときもあるし、もっと大きな幸せを受け止められるようになってほしくて、あなたが乗り越えられる壁を用意してくれるときもある。その壁にチャレンジすることを楽しめばいい。

トントン拍子《びょうし》でうまくいくときは、「自然」なのだ。でも、逆にうまくいかないときは、何かが「不自然」なのだ。そういうときには「自分はダメだな……」ではなく、「目の前の壁を、どう楽しもうか？」と自問してみよう。

メモ　失敗のない人生なんて、なんて味気がないんだろう。

質問　目の前の壁をどう楽しみますか？

42

期待

思うような結果が出なくて、焦ってしまう

あなたは、目の前にある「結果」に対して、「いい、悪い」「嬉しい、悲しい」などの評価をするだろう。しかし、それは実はあまり意味がない。どういう結果であっても、つねにあなたにとってベストの結果なのだ。

今、よい結果が出たことで慢心《まんしん》してしまうかもしれない。逆にダメな結果が出たことで奮起《ふんき》し、成長するかもしれない。**目の前にある結果に「いい、悪い」を決めるのは、「今」でも「あなた」でもなく、その結果をどう活かし、これからをどう生きるかで決まってくる。**

「人間万事塞翁《じんかんばんじさいおう》が馬」という諺《ことわざ》がある。その昔、おじいさんが飼っていた馬が逃げ出した。そこに村人が来て「馬がいなくなって悪かったね」と言ったら、おじいさんは「悪いかどうかはわからないよね」と言った。しばらくすると、逃げた馬が仲間の馬を引き連れて戻ってきた。それを見た村人が「よかったね！」と言うと、

おじいさんは「いいかどうかはわからないよね」と言った。すると、孫が馬の背中から落ちて怪我をしてしまった。また村人が来て「悪かったね」と言うと、おじいさんは「悪いかどうかはわからないよね」と答えた。しばらくすると隣国と戦争が始まったけれど、孫は怪我をしていたから戦争に行かなくて済んだというお話。

人生の中では、いいこともそうでないこともある。けれども、**大切なことは、「何が起きたか」ではなく、あなたが「どうとらえたか」なのだ。**

うまくいかずに焦っているときほど、視野が狭くなってしまう。思い込みによって大切なヒントを見落としてしまったり、大切なことが見えなくなってしまう。そんなときこそ少し立ち止まり、顔を上に向けて深呼吸をして、心を落ち着かせることが大切だ。**焦ってしまうときには「無理してあがく」のではなく、「この結果は、何を教えようとしているんだろう？」と自問してみよう。いつも、今を打開していくヒントは足元にある。視野を広げてみよう。**

メモ 雨の日も風の日にも晴れの日にも、そこでしか得られないものがある。

質問 この結果は、何を与えてくれますか？

43

迷う

悩みが解決せずに、同じところをグルグルしてしまう

結果を変えるには、あなたの中の「何か」を変えるしかない。同じレシピを同じプロセスでつくれば必ず同じものになるように、いつもと同じことを考え、同じものを選び、同じ行動をしていては、いつもと同じ結果で当然だ。**結果を変えたいのであれば、行動（何をするか）、選択（何を選ぶか）、もしくは価値観（何を大切にするか）を変えないといけない。**

かつて広島でデザイン会社をしていた頃、僕は売上を上げることに必死で試行錯誤していた。そんなとき、とても成功している社長さんが「僕がもっともほしいのは、『ありがとう』の声だ」と言うのを聞いたのだが、それは単なるきれいごとで、それでは売上が上がるはずもないと思っていた。

でも、僕は、現状を打破するためにワラにもすがりたい気持ちだったので、その

社長さんの言っていたことを素直に受け止めてみた。売上ではなく、「ありがとう」を集めることにしてみたのだ。そうすると、あっという間に売上が上がった。しかも、お客さまに深く感謝されながら。つまり、「ありがとう」の声をもらえるように僕の価値観や選択や行動が変わったことで、自然と結果も変わったのだ。

自分ではどうしようもできないというときには、「本当にそうだろうか？」と、今あなたが大切だと思っている価値観を疑ってみるといい。そして、普段、あまり関わらないような人と会い、「この人は何を大切にしているんだろう？」と観察してみるのもいい。もしかすると、今のあなたが「大切だ」と思っているものが、あなたを縛っているのかもしれない。当たり前に思っているものこそ、見直してみよう。

メモ　同じレシピからは、同じ料理しか生まれない。

質問　反対意見のよいところは、どこですか？

44 絶望 人生がどん底すぎて、希望も持てない……

実は僕自身、これまでの人生の中で自《みずか》ら命を絶《た》つことを考えたことがある。苦しみから抜け出してラクになりたかったのだと思う。しかし、友人たちの支えがあってなんとか気持ちを取り戻すことができた。そのときに失うものが何もないからこそ、逆にやりたいことをやろうと思ったのだ。

人生がうまくいっているときは、守るべきものが増えていく。その大切なものを守ることで、強さややる気が湧いてくる。しかし、どん底にいるときには守るべきものは、どんどん手のひらからこぼれ落ちていき、何も残らなくなる。でも、手のひらには何もないからこそ、新しいものをつかむこともできる。何も気にすることも恐れることもなく、自由にわがままに、自分勝手に選択することができるのだ。

僕たちは、子供の頃から「将来の夢は?」「将来、何になるの?」という話を当たり前にしている。しかし世界を見渡せば、自分の将来を自分でつくっていける環境にいる子供はまだまだ圧倒的に少ない。僕が旅先で出会ったのは、どんなに才能があってもどんなに努力をしても、今の生活から抜け出せないという子供たちだった。

日本で暮らす僕たちは、自分の未来を自分で自由につくっていける。もちろん、すべての才能や努力が報われるほど甘くもないが、少なくともチャレンジするチャンスは与えられている。それは、どれだけ豊かなことだろうか。

まずは自分に「何でも叶うとしたら、何をしたいだろう？」と自問してほしい。人生は、どこからでも上を向いて生きていける。失った道に戻れなくとも、また別の新しい道をつくることができる。そして、その道をもっと自分らしく、豊かな道にすることができる。

メモ　人生は、どこからでも上を向くことができる。

質問　何でも叶うとしたら、何をしたいですか？

45

断つ

お酒、タバコ、浪費、暴飲暴食などがやめられない

まず、もしあなたがひどい中毒や依存症であれば、ここで一緒に考えるよりも病院に行ったほうがいい。それはもはや意志の問題ではないからだ。そこまでひどくないのなら、**「それをすることで、何を得ているのか?」をしっかりと自問することが大切だ。**

この何かを得るということは、同時に何かをなくすということでもある。お酒、タバコ、浪費からあなたが何を得ていて、何を失っているのかをしっかり書き出してみよう。その上で、得るもののほうが大きく大切だと思うのであれば、やめる必要はない。

僕の知り合いは、「酒とタバコが何よりの幸せだ。やめるくらいなら生きていても意味がない」と、死ぬまでやめなかった。考え方はいろいろあるだろうが、その

人が選んだのであれば、周りがどうこう言うのは余計なお世話だろう。

僕自身、映画に出てくるようないい男になりたくて、酒とタバコをはじめた。大人への憧れもあったのだろう。20代は、ほぼ毎日バーに通い、タバコも1日1〜2箱吸っていた。しかし、30歳を超えて「今日からやめる」と宣言をしてからは、一切手を出してない。

なぜ、そんなにスパッとやめられたのか？　それは、タバコを吸う人が急にかっこ悪く思えてきたからだ。たまたま読んだ本に「タバコやお酒に頼って心を落ち着かせるのはダサい。僕に愛を与えてくれる家族や社員、自分自身を守るために、自分を整《ととの》えておきたい」ということが書かれていた。それを読んで、僕の中の「かっこいい」がガラッと変わったのだ。

あなたも自分の本音を見直してみることをオススメする。本当は続けたいのに、「やめなくては……」と思うのもツライことだし、「イヤだな」「申し訳ないな」と思いながら飲む酒も吸うタバコもおいしくはないだろう。やると決めたなら堂々とやればいい。あなたの人生において、あなたが決めたのだから、誰かにとやかく言われることでもない（ただし、あなたを想う人の気持ちは大切にしてほしい）。

逆に、やめると決めたのであれば病院にでも行って、スパッとやめることだ。やめたいと思うのなら「なぜ、やめられないんだろう……」ではなく、「何を得て、何を失っているんだろう？」と自問して、本当の気持ちに耳を傾けよう。

メモ 「かっこいい」と「ダサい」が、あなたをつくっている。

質問 何を得て、何を失っていますか？

あなたの悩み

10

人生をもっと充実させたい……

収穫をするには、まずは種を蒔《ま》くことだ。蒔いてもいないのに、収穫だけするというような都合のいい話はない。

もし、「夢はあるけど、なかなか実現しそうにない」「毎日幸せだけど、何か物足りない」「もっと幸せになりたい」「もっとお金がほしい」「みんながうらやむようなすごい人になりたい」など、思うのであれば、まずは自分で種を蒔こう。ここでは、どんな種を蒔き、どうやって育てていくのかを考えよう。

46 幸福

もっと幸せになりたい！

「幸せになりたい」とよく言うけれど、それは幸せを勘違いしている。

僕の友人は、ある会社のオーナーだ。都内の一等地の豪邸にモデルのような妻とかわいい子供たちと一緒に暮らしている。ほしいものは何でも手に入れることができる生活だ。しかし、彼は「自分は幸せではない」と言っているし、僕も、彼はこのままでは幸せを得ることはないだろうと思っている。なぜなら、彼は「不幸探しのプロ」だからだ。いつも「部下が……」「妻が……」「子供たちが……」と、すでに持っているものに目を向けず、「足りないところ」を見て文句を言っている。それでは、いつまでも幸せを得ることはできない。

一方で、もう一人の友達は、ほとんど何も持っていない。旅をしながら生きているので、全財産はバックパック1つに収まってしまう。彼は銀座で数万円のお寿司を食べるときも、タイの屋台で100円くらいのごはんを食べるときも「最高においしい！」と言っている。わずかなものしか持っていないのだけど、「僕はたくさん持ってる！　幸せ！」と言える、いわば「幸せ探しのプロ」。彼は、これからどうなろうが幸せだろう。

幸せは「なる」ものではなく「感じる」ものだ。何をどれだけ持っているかではなく、あなた自身が幸せを見つけられるかということだ。今の毎日に幸せを見つけることができない人は、これからも幸せを感じることは難しいだろう。しかし、逆に今、この瞬間に幸せを見つけることができれば、あなたはずっと幸せだ。

もし、自分が幸せではないと思うのなら「どうすれば、幸せになれるだろう？」ではなく、「今、どんな幸せがあるだろう？」と自問してみよう。すでに、たくさんの幸せがあることに気づけるからこそ、そこからはじまっていく。

メモ　幸せは、なるものではなく、感じるもの。

質問　今、どんな幸せがありますか？

47 家族

照れくさくて、家族を大切にできない

僕がもっとも大切にしたいものは、僕自身だ。自分を大切にできていないと誰も愛せないからだ。そして、その次に大切にしているものは家族だ。何よりもかけがえのない存在で、お金や仕事のように選んでいないからこそ、無条件の愛があると思っている。

僕には妹がいる。性格も生き方も価値観も、正反対。妹が「おもしろいよ！」と言っていた映画は僕にとっては、少しもおもしろくなかった。もし、他人として出会っていたら、友達にもなっていないだろう。でも、もし彼女が何か困ることがあれば、僕は自分のすべてを差し出して全力で助けに行くだろう。

このように家族はとても大切だが、空気のように身近な存在だ。そこにいるのが当たり前すぎて、そのありがたさを忘れがちになってしまう。だからこそ僕はときどき、家族との関わりを見直すためにやっていることがある。それは、

「今、家族から手紙をもらうとしたら、どんなことが書かれていたら最高に嬉しいだろうか？」と自問し、家族になりきって自分宛ての手紙を書くことだ。

たとえば、母からは「こんな手紙をもらえると泣くほど嬉しいな」、妹やその子供たち、亡くなった父や祖父母から「こんな手紙をもらえたら、もう泣いちゃうな！」という文章を考えている。

その手紙には、僕がその人とどう関わっていきたいと思っているかが書かれている。手紙を書くことで、普段は近すぎて見えない大切なものと少しだけ距離を取って、見直すことができる。あなたもぜひ、やってみてほしい。

大切なものほど、あっけなく失われていく。なくしてからでは取り返しがつかないこともある。だからこそ、今できることをやり、あなたが大切だと思うものをしっかり大切にしていこう。

メモ 人生で、もっとも大切なものを、ちゃんと大切にすることが大切。

質問 家族からの手紙にどんなことが書かれていたら、最高に嬉しいですか？

48 ゴール

何のために生きているのかわからない

生まれた環境や条件は自分では選べないが、この世に生《せい》を受けた僕たちが自由にできるものが1つだけある。それは「死ぬまでの時間」だ。人間が動物と違うのは、自分の人生に新しい価値を見いだすことができることだ。

新しい価値とは、「世界中の美しい景色を見るために生きている」でもいいし、「世の中から貧困や戦争をなくすために生きている」のような「このために生きている」と言えるテーマを持つことだ。これがあると、「こなす」だけの毎日に急に意味と楽しさが生まれてくる。テーマは、1つでなくてもいいし、人との出会いなどで、ときどき変わってもいい。叶っても叶わなくてもいい。叶えようとチャレンジしていく時間が人生を豊かに、楽しいものにしていくのだ。

そのテーマを考えるときに、「世のため、みんなのため」と、他人を幸せにすることをつい考えがちだが、誰かの幸せと引き換えに、自分の幸せを失ったのでは意味がない。それに「誰かのため」では、「やってあげたのに」と見返りを期待することになる。あなたがやりたくてやっていることに見返りを期待するのはおかしな話だ。

僕は今、小中学生が自分らしく生きるための授業を行なうために全国の学校に自費で行っている。「子供たちのために、すごいですね！」とよく言われるが、僕自身は「子供たちのために」とは思っていない。ただ自分がやりたいからやっているだけだし、むしろ「授業をさせてくれてありがたい」とすら思っている。これは、自分さえよければいいという話ではなく、**自分がやりたいことで、自分も周りも幸せにできるのであれば最高だということだ。それが天職なのだと思う。**

あなたもぜひ、自分は「このために生きている」というテーマを探してみよう。答えは1つでなくてもいいので、人生を少しだけ豊かにするものを探してほしい。

メモ **自分のために生きればいい。それが周りにも影響するなら、もっといい。**

質問 **あなたの人生を、どんな時間で埋め尽くしたいですか？**

49

自分

自分が何を大切に生きていけばいいのかわからない

まだ十代だった頃は、自分の死をイメージするには、ちょっと若すぎた。しかし、20代半ばに、インドのガンジス川で焼かれる死体を見て、身体としての人の存在がこんなにも簡単に世の中からなくなっていくものなのかと衝撃を受けた。

そしてその後、祖父や祖母、父という身近な存在が亡くなったことで、大切なものが、こんなにあっさりと終わっていくのかと、世の厳しさと無常を感じた。その頃から、「どう死んでいくか」を僕も意識するようになった。

病気でも事故でも、最終的にはどうやって死ぬかはどうでもいい。葬儀《そうぎ》にたくさんの人が来てほしいとか、みんなの記憶の中で生きていきたいとも思わない。

だけど、ただ1つだけ「これだけ外《はず》せない！」と思うことがある。それは「あのとき、こうすればよかったな」「こんなことをやっておけばよかったな」など、後悔しながら死にたくないということだ。生きることへの執着《しゅうちゃく》もなく、「じゃあ！またね！」と、すべてをやりきった顔で死んでいきたい。

もしかすると、明日には死ぬかもしれない。だから毎日、今日一日を後悔しないように生きようと思っている。

「やりたかったのに、やらなかった……」は悔いが残る。何かをやって失敗するのは納得もいくけれど、

それは、**いつも気を張って生きるという意味ではなくて、納得のいくものを選択していくということだ。**僕も一日グダグダして過ごすこともある。でも、自分でグダグダすると決めてグダグダしているから後悔はない。

自分の生き方に迷うときには、「どう死んでいきたいか？」と、死に方をイメージしてみると、何を大切に生きていくといいかが見えてくる。

メモ 人生の最期を意識すると、大切なものが見えてくる。

質問 どう死んでいきたいですか？

50

人生

みんなと違うと不安になる

おもしろい実験結果がある。ある大学で、１００人を集めた実験が行われた。１００人のうち99人は、その実験の内容を知っている協力者。一人だけが何も知らされていない。

その１００人に「■」の絵を見せて、「これは四角ですか？ 丸ですか？」と、みんなの前で聞いていく。99人の協力者が「■」を見て、「丸です」とわざと答えると、何も知らない最後の一人も「■」を見て、「それは丸です」と言うとのこと。これはどんなに自分の中に確信があることでも人間は流されてしまい、自分の声よりも他人の声を優先してしまうという実験だ。

僕にも同じことがあった。大人も子供も見た人はみんな号泣するという映画があると聞き、見に行ってみた。しかし、少しも泣けないどころか、終わるまでが苦痛でしかなく、全然楽しくなかったのだ。「この映画は嫌い」でいいはずが、感動できない自分がおかしいのではないかとか、少しも泣けない自分の心が擦《す》れているのではないだろうかと不安になったのだ。

しかし、「みんなと違う」ことはたしかに不安になるけれど、それの「何が問題なのか？」とじっくり考えてみると、そこには何の問題もないことに気づくことができる。

難しいのは、仮にあなたが納得していても「みんなと違うこと」を責《せ》めてくる人がいることだ。しかし、それでもそんな声に惑《まど》わされなくていい。それは「私もそうしたいのに、あなただけズルい」という気持ちの裏返しにすぎないからだ。そんなときには、その人に「あなたもそうするといいのでは？」と問いかけてみよう。その人自身の「こうあるべきだ」という殻《から》を破り、その人も心地よく生きていく手伝いができる。

特に現在はSNSなどで建前が行き交っていて、周りの目や評価を気にするあまり本音が言いづらい時代になっている。しかし、**本音を世界に向けて公開する必要もないし、あなたに共感してくれる人をつくる必要も、みんなを変えようとする必要もない。**

みんなが絶賛しようが、あなたがつまらないと思うのなら「つまんない」でいいのだ。「自分のことがよくわからない」とか「みんなと違うと不安になる」と思うときには「みんなが」ではなく、「私が」を感じてみよう。

メモ　自分を幸せにすることからだけは、逃げてはダメ。

質問　あなたの心は、何と言っていますか？

おわりに——たくさん悩もう

本書では悩み方をお伝えしてきたが、僕が考える悩みとその付き合い方は次のようにまとめられる。

- 悩みそのものは悪いものではない
- 問題は悩み方を知らないこと
- 悩みは分解すると見えてくる
- 人の答えは気にしなくていい
- 主語は「自分」
- 自分の心の声を素直に聞く
- 悩みの正体をつかむ
- 悩みと友達になれば悩むことが楽しくなる
- 悩みは人生を豊かにする
- 悩んだほうが幸せになれる

すでに何度も書いたが、僕は悩み多い人生で本当によかったと思っている。眠れない夜を過ごすたびに、人生は美しくなっている。だから、あなたもたくさん悩んで、人生をあなたのものにしていってほしいと思っている。

この本には、人生でよくある悩みについて「僕だったらこう考える」という話をたくさん紹介してきた。それも1つの発想でしかないので、鵜呑みにするのではなく、「私はこう思う」という自分の答えを導き出すためのヒントにしてほしい。

もしかすると、周りに流されずに自分の足で立って歩くことには強さがいるかもしれない。「私だけ一人になってしまった」と不安になったり、寂しく思ったりするかもしれない。けれども心配しなくていい。僕もあなたと同じように生きているし、僕の本を読んで「今日から私も自分を生きていこう！」と動きはじめた人もいる。

目には見えないかもしれないけれど、同じ星の下で同じような想いを持って生きている人がいると思えるだけで安心できる。そして、直接会って話をしたい、話を聞いてほしいという方は、ぜひ会いに来てもらえると嬉しい。僕は、講座やお話し会なども主催しており、自分の人生を楽しんで生きている素敵な仲間がたくさんいる。彼らを紹介したいし、ぜひ仲間になってほしいと思っている。
いつか、どこかで会えることを、心から楽しみにしている。そのときには、一緒にお酒でも飲みながら、あなたの話も聞かせてほしいな。その日を心待ちにしています。

＊

最後に、僕の想いを汲《く》み取ってくださり、この本を世に出してくださった担当編集の小林薫さん。僕に楽しさと勇気を与えてくれている仲間たち。惜《お》しみない愛を与えてくれた両親。たくさんの悩みをシェアしてくれた人たち。そして、ここまで何度も挫《くじ》けそうになったのに、それでも自分を信じて生きてきた自分に。心から感謝をしています。本当にありがとうございます!!

2021年4月　河田真誠

金丸貴和	杉山智昭	中野泰治	真鍋恭子
川前美恵子	鈴木佳久	永田知樹	馬渕温子
河田美樹	鈴木千春	中村静江	丸山雅弘
川田美沙子	瀬尾麻梨奈	鳴嶋紗誉	丸山優子
菊池颯花	高岡忠宏	西 順子	三浦由香
城戸博文	高木佐都美	西尾公甫	皆川紘子
金城 茜	高木洋平	西村明子	三宅肇子
久能智佳子	高坂美穂	根本敦記	宮田尚彦
合田敏子	高橋真里	野津陽子	宮原正敏
小嶋梨花	高橋裕子	橋本夏子	宮本 学
古庄真樹	髙橋 渉	橋本博子	棟広渓子
小林朋広	高本みはる	長谷川修	元重由起子
小溝 薫	高山由佳	長谷川紫音	本橋へいすけ
齋藤理子	瀧澤孝子	馬場 宏	諸岡紗織
坂下春樹	たしろあん	浜崎智賀子	諸 希恵
坂田恭子	田中明美	林 千絵	森 典子
坂本篤彦	田中真弓	姫野有美	森真理子
坂本京子	谷川陽介	姫松阿由美	安田真紀子
坂本則和	田渕智子	姫松千秋	谷田美奈子
坂本光夫	玉井洋子	平原了一	矢箆原浩介
佐藤光世	寺本美乃里	福岡千夏	山下義之
佐藤桃子	時光 希	藤井康裕	山口光美
山藤紗名英	土居 剛	藤波直美	山﨑浩恵
椎葉彰典	堂柿美保子	藤本明子	山田 徹
設楽典宏	徳田和子	古川尚人	山本千鶴
嶋田恵子	床井美香	古橋雄二	山本麻衣
嶋野一人	友村悠人	堀加奈子	山本麻知代
白石和子	とみたあきこ	牧田明美	山村 愛
庄崎由紀	中里桃子	増本紗里	山分実樹
陣野恵里	長澤郁子	松井貴子	横川理恵
じんのひろこ	なかしまうらら	松田紗也加	吉岡 亨
杉田春美	長島さゆり	松田光世	吉澤 強
杉原舞子	中野太郎	松本 壽	よしたけちほ

ハナサク・クラブの紹介

本当の幸せって、なんだろう？

本当にやりたいことは、なんだろう？

私らしさって、なんだろう？

その答えを一緒に見つけていきませんか？

　質問を通して一人でも多くの人が、その人らしい花を咲かせていくきっかけをお届けしています。本書の内容をもっと深めてみたい。みんなの意見も聞いてみたい。著者の話を聞いてみたいと思われましたら、ワークショップなどを開催していますので、お気軽にご参加ください。企業むけの研修・コンサルや、小中高校・各種団体などでの講演依頼も承っています。

　また、仲間も募集しています。あなたも一緒に活動しませんか？

- **ハナサクのホームページ：http://hanasaku.love**
- **河田真誠のホームページ：http://shinsei-kawada.com**

一緒に活動をしている全国の仲間たち

（敬称略）

青木哲男
青木美穂
青山君子
足利真紀
阿部裕昭
あんどうとしえ
池田潤子
石倉美佳
石田聖訓
生田亜矢子
生田 繁
泉久美子
井上仁美
伊波直哉
岩田耕平
上村健斗
内山佑香
大城 貢
大野真理
尾口弥生
大木 華
大澤智美
大谷弥生
大西友紀
岡田知恵
織田里英子
オノデラマサト
金子かの子

河田真誠（かわだ・しんせい）

1976年生まれ。質問家。生き方や考え方、働き方などの悩みや問題を質問を通して解決に導く「しつもんの専門家」として、企業研修や学校で授業を行なっている。著書に『革新的な会社の質問力』（日経BP社）、『私らしく わがままに 本当の幸せと出逢う100の質問』（A-works）、『悩みが武器になる働き方』（徳間書店）、『人生、このままでいいの？ 最高の未来をつくる11の質問』『人生、このままでいいの？ 最高の未来をつくる11の質問ノート』『カギのないトビラ』（以上CCCメディアハウス）など。

http://shinsei-kawada.com/

装丁＋本文デザイン＋イラスト　藤塚尚子（e to kumi）

校正　麦秋アートセンター

悩《なや》み方《かた》教室《きょうしつ》

心《こころ》のモヤモヤが晴《は》れる8つの質問《しつもん》

2021年5月8日　初版発行

著者　河田真誠

発行者　小林圭太

発行所　株式会社 CCCメディアハウス

〒141-8205　東京都品川区上大崎3丁目1番1号

電話　販売　03-5436-5721

編集　03-5436-5735

http://books.cccmh.co.jp

印刷・製本　株式会社新藤慶昌堂

ISBN978-4-484-21212-8